귀로 쏙쏙 일본어 리스닝 초급

사와베 유코, 야스이 아케미 공저

다락원

『귀로 쏙쏙 일본어 리스닝 – 초급』에 오신 여러분, 환영합니다!

　여러분이 일본어를 공부하려는 이유는 무엇입니까? 만약 당신이 일본인 친구를 사귀거나 일본어로 대화를 해보고 싶다면, 또 일본에 대해 알고 싶고 일본으로 여행을 가고 싶거나 일본 드라마나 영화를 언젠가 자막 없이 보고 싶다면, 이 책은 바로 여러분을 위한 책입니다.
　이 책은 일상 생활에서 자주 사용되는 단어나 문장을 '듣고 이해하는 것'을 목표로 하고 있습니다. 듣고 이해한 다음에는 각각의 화제에 대해 실제로 이야기를 해 봅니다. '듣고 말하는' 연습을 하고 싶은 여러분이라면 분명 즐겁게 일본어 공부를 할 수 있을 것입니다.
　이 책은 15과 구성으로 다양한 이야깃거리를 담고 있어, 흥미가 있는 과부터 우선적으로 시작해 보는 것도 좋습니다. 일본어 듣기 능력을 기르기 위해서는 매일 계속해서 듣는 것이 중요합니다. 특히 초급 레벨에서는 일본어 음성에 익숙해지는 것이 무엇보다도 필요하기 때문에, 잘 들리지 않는 부분이 있으면 알 때까지 몇 번이고 반복해서 들어 보시기 바랍니다. 그러다가 조금 지치면 コラム나 やってみよう 등의 코너에서 잠시 쉬어 가는 것도 좋습니다.
　부디 이 책으로 공부하면서 일본어를 '듣고 이해하는 것'의 즐거움을 느껴 보시기를 바랍니다. 끝까지 힘 내세요.

2014년 2월
저자 일동

구성과 특징

본 교재는 일본어의 발음을 듣고 익히는 발음편과, 본격적으로 듣기 연습을 하는 듣기편, 듣기 대본과 연습 문제 정답이 실려 있는 부록편으로 구성되어 있습니다.

본 교재는 학습자가 일본어로 커뮤니케이션을 할 때에 화제로 삼기 쉬운 것을 채택하여, 그 화제와 관련된 어휘나 문장을 듣고 이해하는 연습문제를 담고 있습니다. 학습자가 자신에게 필요한 내용부터 어디서부터든지 시작할 수 있도록 하였습니다. 초급 단계부터 자연스러운 일본어 회화에 익숙해져서 잘 듣고 이해할 수 있도록, 가족간이나 친구 사이의 대화는 일상에서 자주 사용되고 있는 보통체의 일본어로 되어 있습니다.

聞いてみよう 1
짧은 회화문을 듣고 누가 누구와 이야기하고 있는지, 무엇에 대해 이야기하고 있는지 상상하면서 세세한 부분까지 체크해 보세요.

聞いてみよう 2
음성을 듣기 전에 주어진 상황의 내용을 추측하며 질문에 답한 뒤, 긴 회화문을 들으며 예상한 내용과 맞는지 세세한 부분까지 확인하며 질문에 답해 보세요.

ウォーミングアップ
각 과의 화제에 대한 기본적인 어휘나 문장을 체크하고 회화문으로 이어갈 수 있는지를 확인해 보세요.

ことばと表現

각 과의 주제와 관련하여 익혀두어야 할 어휘와 주요 표현을 정리해 놓았습니다.

やってみよう

각 과에 나온 단어를 사용해 질문에 답하거나 자신에 대해 이야기하면서 단어를 익혀 보세요.

できますか

주어진 자료를 보고 그에 대한 질문을 듣고 답해 보세요.

話してみよう

각 과의 학습 주제와 관련된 자유 회화를 해 보세요.

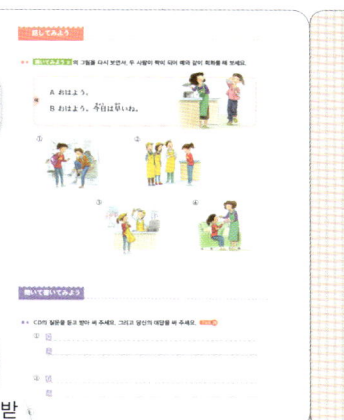

聞いて書いてみよう

각 과에 나온 기본적인 표현을 받아 적는 연습입니다. 일본어 표기의 세세한 부분까지 신경써서 적어 보세요.

コラム

각 과에서 다룬 주제에 대한 칼럼을 읽으며 일본에 대한 이해도를 높여 보세요. 칼럼의 내용을 주제로 토론을 해 보는 것도 좋습니다.

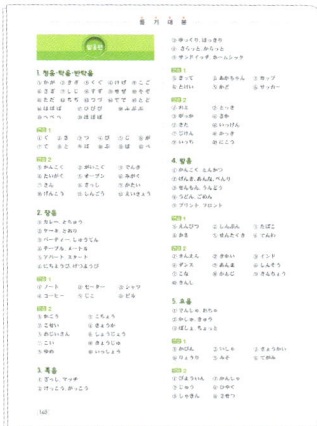

がんばってください

목 차

머리말 3
구성과 특징 4

발음편 7

듣기편
01 はじめまして 18
02 私の家族です 26
03 日曜日、何をしますか 34
04 天気予報を見ましたか 42
05 一緒に映画を見ませんか 50
06 机の上にありましたよ 58
07 歩いて5分くらいです 66
08 ケータイで予約できるよ 74
09 全部でいくらですか 82
10 ご注文をどうぞ 90
11 近くに水族館があります 98
12 日本語がお上手ですね 106
13 ちょっと気分が悪いんです 114
14 おめでとうございます 122
15 私もそう思います 130

부록편
듣기 대본 140
정답 165

발음편

1. 청음·탁음·반탁음

'청음'이란 오십음도(50音図)의 「か행, さ행, た행, な행, は행, ま행, や행, ら행, わ행」의 음절을 말한다. 이 중에서 「か행, さ행, た행, は행」의 청음에 탁점(゛)을 붙인 것을 '탁음'이라고 한다. 또 「は행」에는 반탁점(゜)이 붙어 '반탁음'이 되기도 한다.

청음과 탁음, 반탁음을 각각 들어 보세요. **Track 02**

① か が　② き ぎ　③ く ぐ　④ け げ　⑤ こ ご
⑥ さ ざ　⑦ し じ　⑧ す ず　⑨ せ ぜ　⑩ そ ぞ
⑪ た だ　⑫ ち ぢ　⑬ つ づ　⑭ て で　⑮ と ど
⑯ は ば ぱ　　⑰ ひ び ぴ　　⑱ ふ ぶ ぷ
⑲ へ べ ぺ　　⑳ ほ ぼ ぽ

연습 1 CD를 듣고 음성과 일치하는 것에 ○ 표시를 해 주세요. **Track 03**

① く ぐ　② さ ざ　③ つ づ　④ ひ び
⑤ し じ　⑥ か が　⑦ て で　⑧ と ど
⑨ ば ぱ　⑩ ぶ ぷ　⑪ ほ ぼ　⑫ ぺ べ

연습 2 CD를 듣고 음성과 일치하는 것에 ○ 표시를 해 주세요. **Track 04**

① かんこく(韓国) ǀ かんごく(監獄)　② かいこく(開国) ǀ がいこく(外国)
③ てんき(天気) ǀ でんき(電気)　④ たいがく(退学) ǀ だいがく(大学)
⑤ オーブン ǀ オープン　⑥ みかく(味覚) ǀ みがく(磨く)
⑦ きん(金) ǀ ぎん(銀)　⑧ ざっし(雑誌) ǀ さっし(冊子)
⑨ かたい(堅い) ǀ かだい(課題)　⑩ けんこう(健康) ǀ げんこう(原稿)
⑪ しんごう(信号) ǀ しんこう(信仰)　⑫ えいきょう(影響) ǀ えいぎょう(営業)

2. 장음

'장음'이란 모음을 통상의 배로 늘린 음절을 말하는 것으로, 한 음절로 두 박자의 길이를 갖는다. 가타카나에서는 「ー」로 표기하고 바로 앞의 모음을 길게 발음한다. 히라가나에서는 「あ、い、う、え、お」로 모음의 길이를 나타낸다. 문자 그대로 발음되지 않는 경우도 있기 때문에 주의해야 한다.

장음을 포함하고 있는 단어를 들어 보세요. **Track 05**   ● 1박자 〔ー〕 2박자

① ● 〔ー〕　　예) カレー, とちゅう　　② 〔ー〕 ●　　예) ケーキ, とおり
③ 〔ー〕〔ー〕　예) パーティー, しゅうてん　④ 〔ー〕● ●　예) テーブル, メートル
⑤ ● 〔ー〕●　예) アパート, スタート　　⑥ ● ● 〔ー〕●　예) にちようび, げつようび

연습 1 CD를 듣고 장음을 포함하고 있는 것에 모두 체크해 주세요. **Track 06**

연습 2 CD를 듣고 음성과 일치하는 것에 ○ 표시를 해 주세요. **Track 07**

① かこ(過去) ∣ かこう(加工)　　② こうちょう(好調) ∣ こちょう(誇張)
③ こせい(個性) ∣ こうせい(構成)　④ きょか(許可) ∣ きょうか(教科)
⑤ おじさん ∣ おじいさん　　　　⑥ しょうじょ(少女) ∣ しょうじょう(症状)
⑦ こい(恋) ∣ こうい(行為)　　　⑧ きょうじゅ(教授) ∣ きょうじゅう(今日中)
⑨ ゆめ(夢) ∣ ゆうめい(有名)　　⑩ いっしょ(一緒) ∣ いっしょう(一生)

3. 촉음

'촉음'은 히라가나로는 「っ」로, 가타카나로는 「ッ」로 나타내는데, 그 자체로 한 박자의 길이를 갖으며 앞에 오는 음절과 함께 2박자로 발음한다.

촉음을 포함하고 있는 단어를 들어 보세요. Track 08 　●1박자 〔──〕2박자

① 〔──〕● 　예) ざっし, マッチ 　　② 〔──〕〔──〕 예) けっこう, がっこう
③ 〔──〕●● 예) ゆっくり, はっきり 　④ ●〔──〕● 예) さらっと, からっと
⑤ ●●〔──〕● 예) サンドイッチ, ホームシック

연습 1 CD를 듣고 촉음을 포함하고 있는 것에 모두 체크해 주세요. Track 09

① 　② 　③

④ 　⑤ 　⑥

연습 2 CD를 듣고 음성과 일치하는 것에 ○ 표시를 해 주세요. Track 10

① おと(音) ㅣ おっと(夫) 　　② とき(時) ㅣ とっき(特記)
③ がか(画家) ㅣ がっか(学科) 　④ さか(坂) ㅣ さっか(作家)
⑤ きた(来た) ㅣ きった(切った) 　⑥ いけん(意見) ㅣ いっけん(一軒)
⑦ じけん(事件) ㅣ じっけん(実験) 　⑧ かき(柿) ㅣ かっき(活気)
⑨ いち(位置) ㅣ いっち(一致) 　　⑩ にこう(二校) ㅣ にっこう(日光)

4. 발음

'발음'은 히라가나로는 「ん」으로, 가타카나로는 「ン」으로 나타낸다. '촉음'과 마찬가지로 그 자체로 한 박자의 길이를 갖는다.

발음을 포함하고 있는 단어를 들어 보세요. Track 11   ● 1박자 〔—〕 2박자

① 〔—〕● ●   예) かんこく, とんかつ
② 〔—〕●   예) げんき, あんな, べんり
③ 〔—〕〔—〕   예) せんもん, うんどう
④ ● 〔—〕   예) うどん, ごめん
⑤ ● 〔—〕●   예) プリント, フロント

연습 1 CD를 듣고 발음을 포함하고 있는 것에 모두 체크해 주세요. Track 12

연습 2 CD를 듣고 음성과 일치하는 것에 ○ 표시를 해 주세요. Track 13

① きんえん(禁煙) | きんねん(近年)   ② きかい(機械) | きんかい(近海)
③ いど(井戸) | インド   ④ だす(出す) | ダンス
⑤ あんま | あんまん   ⑥ しそう(思想) | しんそう(真相)
⑦ こな(粉) | こんな   ⑧ かじ(家事) | かんじ(漢字)
⑨ きちょう(貴重) | きんちょう(緊張)   ⑩ きし(岸) | きんし(禁止)

5. 요음

'요음'이란 각 자음의 「い단」에 반모음 「や, ゆ, よ」를 작게 써서 「きゃ, きゅ, きょ」와 같이 표기한 것으로, 한 박자의 길이를 가지는 음절을 말한다.

요음을 포함하고 있는 단어를 들어 보세요. Track 14

① 「ゃ」를 포함하는 단어   예) でんしゃ, おちゃ

② 「ゅ」를 포함하는 단어   예) かしゅ, きゅう

③ 「ょ」를 포함하는 단어   예) ばしょ, ちょっと

연습 1 CD를 듣고 요음을 포함하고 있는 것에 모두 체크해 주세요. Track 15

연습 2 CD를 듣고 음성과 일치하는 것에 ○ 표시를 해 주세요. Track 16

① びょういん(病院) ǀ びよういん(美容院)   ② かんさ(監査) ǀ かんしゃ(感謝)

③ じゅう(十) ǀ じゆう(自由)   ④ ひゃく(百) ǀ ひやく(飛躍)

⑤ さきん(砂金) ǀ しゃきん(謝金)   ⑥ させつ(左折) ǀ しゃせつ(社説)

⑦ さつ(札) ǀ シャツ   ⑧ しょうさ(小差) ǀ しょうしゃ(商社)

⑨ さどう(茶道) ǀ しゃどう(車道)   ⑩ きやく(規約) ǀ きゃく(客)

6. 동음이의어

아래 그림을 보면서 동음이어를 들어 보세요. Track 17

① さけが　　　さけが

② か きが　　　かきが

③ は し を　　は し を　　は し を

④ あ めが　　あ めが

⑤ は が　　　は が

⑥ は な が　　は な が
 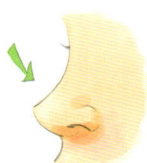

6. 동음이의어

연습 CD를 듣고 음성과 일치하는 것에 체크해 주세요. Track 18

① さけが　　　　　さけが
   ☐　　　　　　☐

② かきが　　　　　かきが
   ☐　　　　　　☐

③ はンを　　　　　はしを　　　　　はしを
   ☐　　　　　　☐　　　　　　☐

④ あめが　　　　　あめが
   ☐　　　　　　☐

⑤ はが　　　　　　はが
   ☐　　　　　　☐

⑥ はなが　　　　　はなが
   ☐　　　　　　☐

7. 축약 표현

축약 표현은 보다 쉽게 발음하기 위해서 연결된 2개의 음절 중 가운데에 있는 단음이 없어지거나 중간음으로 변하는 것을 말한다.

다양한 축약 표현을 들어 보세요. Track 19

① ~ちゃう : ~てしまう
예) 書いちゃう（書いてしまう）　寝ちゃう（寝てしまう）

② ~じゃう : ~でしまう
예) 飲んじゃう（飲んでしまう）　遊んじゃう（遊んでしまう）

③ ~なきゃ : ~なければ（なりません / いけません）
예) 行かなきゃ（行かなければ）　買わなきゃ（買わなければ）

④ ~なくちゃ : ~なくては（なりません / いけません）
예) やめなくちゃ（やめなくては）　借りなくちゃ（借りなくては）

연습 CD를 듣고 받아 적은 다음, 각각의 표현을 축약형이 아닌 원형으로 고쳐 보세요. Track 20

① _____
② _____
③ _____
④ _____
⑤ _____
⑥ _____

8. 인토네이션

인토네이션이란 말하는 사람이 자신의 기분이나 표현하고자 하는 의도에 따라 말끝을 올리거나 내리는 것을 말한다.

인토네이션에 주의하며 들어 보세요. Track 21

① 「じゃない」

의견 묻기	いい学校じゃない？
부정	いい学校じゃない。
놀람	いい学校じゃない。

② 「でしょう」「でしょ」

추측	明日は雨でしょう。
동정	それはつらかったでしょう。
확인·동의 구하기	今日は休みでしょ？

연습 CD를 듣고 각각의 대화가 어떤 의도를 나타내고 있는지 체크해 주세요. Track 22

① ☐ 상대방의 의견을 묻고 있다.
　☐ 부정하고 있다.
　☐ 놀랐다.

② ☐ 상대방의 의견을 묻고 있다.
　☐ 부정하고 있다.
　☐ 놀랐다.

③ ☐ 상대방의 의견을 묻고 있다.
　☐ 부정하고 있다.
　☐ 놀랐다.

④ ☐ 추측하고 있다.
　☐ 동정하고 있다.
　☐ 확인하고 있다.

⑤ ☐ 추측하고 있다.
　☐ 동정하고 있다.
　☐ 확인하고 있다.

⑥ ☐ 추측하고 있다.
　☐ 동정하고 있다.
　☐ 확인하고 있다.

はじめまして

학습목표	★ 하루 생활의 기본적인 인사를 이해할 수 있다. ★ 다른 사람과의 교제에서 자주 사용하는 기본적인 인사 표현을 이해할 수 있다.

ウォーミングアップ

1 CD를 듣고 다음 ①~④의 그림에 맞는 일본어 표현을 보기 ⓐ~ⓓ 중에서 골라 써 주세요. Track 23

보기
ⓐ また、明日(あした)。
ⓑ よろしくお願(ねが)いします。
ⓒ ごめんなさい。
ⓓ あのう、すみません。

① (　　)　② (　　)　③ (　　)　④ (　　)

2 다음 ①~④의 문장에 이어질 회화문을 A~D에서 각각 하나씩 골라 주세요.

① あのう、すみません。失礼(しつれい)ですが、竹内(たけうち)さんですか。(　　)
② じゃ、ここで。また、明日(あした)ね。(　　)
③ ごめんなさい！まちがえました。(　　)
④ じゃ、お先(さき)に失礼(しつれい)します。(　　)

> A うん．じゃあね。バイバイ。
> B いいえ、木村(きむら)ですが。
> C 大丈夫(だいじょうぶ)ですよ。
> D あ、お疲(つか)れさまでした。

Track 24
＊ CD를 듣고 답을 확인해 주세요.

聞いてみよう 1

1 CD를 듣고 각 회화에 맞는 그림을 A~D 중에서 골라 주세요. Track 25

① (　　　)　　② (　　　)　　③ (　　　)　　④ (　　　)

A

B

C

D

2 회화를 다시 한 번 듣고, 다음 중 각 회화에 사용된 표현을 찾아 체크해 주세요.

① □ お疲れさまでした。　　□ また、明日。

② □ はじめまして。　　□ おはようございます。

③ □ あのう、すみません。　　□ ごめんなさい。

④ □ よろしくお願いします。　　□ ありがとうございます。

聞いてみよう 2

CDを聞く前に

●● 당신은 다음 상황에서 어떻게 인사를 하겠습니까? 표를 채우고 각각 일본어로 어떻게 표현할지 생각해 보세요.

朝(あさ)	昼(ひる)	晩(ばん)
가족을 만났을 때	친구를 만났을 때	일이 끝나서 먼저 돌아갈 때
친구를 만났을 때	밥을 먹을 때	친구와 헤어질 때
선생님을 만났을 때	선생님과 헤어질 때	집에 돌아왔을 때

힌트
こんにちは　　おはよう　　いただきます　　おはようございます
さようなら　　また明日(あした)　　ただいま　　お先(さき)に失礼(しつれい)します

CDを聞いた後に Track 26

1 다음의 상황에서 리사 씨는 어떻게 인사를 했는지 체크해 주세요.

①
☐ また、明日(あした)。
☐ お先(さき)に失礼(しつれい)します。
☐ さようなら。

②
☐ おはよう。
☐ こんにちは。
☐ はじめまして。

③
☐ 失礼(しつれい)します。
☐ ごめん。
☐ すみません。

④
☐ ありがとう。
☐ すみません。
☐ ありがとうございます。

⑤
☐ どうぞよろしく。
☐ よろしくお願(ねが)いします。
☐ どうもすみません。

2 1의 그림을 회화의 순서에 맞게 나열해 주세요.

② → ☐ → ☐ → ☐ → ☐

3 회화를 다시 한 번 듣고, 밑줄 친 부분에 들어갈 말을 넣어 주세요.

① りさ　　お母さん、_____。
　　母　　　おはよう。今朝は早いね。

② りさ　　あ、_____！
　　男　　　あ、いえ。大丈夫です。
　　りさ　　本当にすみません……。

③ 男　　　みなさん、こちらはアルバイトの佐々木りささんです。
　　りさ　　はじめまして。佐々木りさです。スーパーのアルバイトは
　　　　　　初めてです。_____。
　　男　　　こちらこそ、よろしくお願いします。がんばってくださいね。

④ りさ　　今日はありがとうございました。_____。
　　男　　　お疲れさまでした。また、明日。

⑤ りさ　　ただいま。
　　母　　　おかえり。アルバイト、お疲れさま。
　　　　　　はい、これ、りさが大好きなケーキ。
　　りさ　　わー、_____！いただきます。

ことばと表現

- 기본 인사 표현

  おはよう(ございます) 안녕(하세요) (아침 인사)

  こんにちは 안녕하세요 (낮 인사)

  こんばんは 안녕하세요 (저녁 인사)

  おやすみ(なさい) 잘 자 (안녕히 주무세요)

- 식사할 때

  いただきます 잘 먹겠습니다　**ごちそうさま(でした)** 잘 먹었습니다　**どうぞ** 어서 드세요

- 외출과 관련된 인사 표현

외출하는 사람에게	**行ってらっしゃい** 다녀오세요　**おかえり(なさい)** 어서 오세요
집에 있는 사람에게	**行ってきます** 다녀오겠습니다　**ただいま** 다녀왔습니다

- 자주 사용하는 인사 표현

첫만남	**はじめまして** 처음 뵙겠습니다 **どうぞよろしく(お願いします)** 아무쪼록 잘 부탁합니다
감사	**ありがとう** 고마워　**ありがとうございます** 고맙습니다 **すみません** 고맙습니다　**どうも** 정말 고맙습니다
격려	**がんばって！** 힘내!　**がんばれ！** 힘내! **がんばってください** 열심히 해 주세요, 힘 내세요
사죄	**ごめん(なさい)** 미안(해요)　**すみません** 미안합니다 **申し訳ありません** 죄송합니다
사람을 부를 때	**あのう、すみません** 저, 실례합니다
헤어질 때	**さようなら** 잘 가　**またね！** 또 봐! **また、明日・来週・今度** 내일 / 다음 주에 / 다음에 또 봐
퇴근할 때	**お疲れさまでした** (퇴근하는 사람에게) 수고하셨습니다 **お先に失礼します** (자신이 먼저 퇴근할 때) 먼저 실례하겠습니다

できますか

●● 아래의 그림을 보고 인사 표현을 찾아 쓴 다음, CD를 듣고 정답을 확인해 주세요. Track 27

① (○´⊇`)σ○o。【こ】【ん】【に】【ち】【は】。o○a(´⊆`○)

② アリガトーーー(人´∀`*´∀`人)ーーー♪

③ ドゥモ♪＞┘´∀`┝ ┍´∀`┐＜スミマセン♪

④ ダイジョウブ？.....φ(´・ω・●)??

⑤ ★.:°+。☆(*´艸`)がんばってӥë★.:°+。☆

① _____
② _____
③ _____
④ _____
⑤ _____

やってみよう 다음 중 다른 세 단어와 성격이 다른 것을 하나 고르세요. 그리고 그 이유도 생각해 보세요.

① こんにちは ② おはよう
③ ただいま   ④ おかえり

話してみよう

●● 聞いてみよう2 의 그림을 다시 보면서, 두 사람이 짝이 되어 예와 같이 회화를 해 보세요.

예
A おはよう。
B おはよう。今日は早いね。

①    ②

③    ④

聞いて書いてみよう

●● CD의 질문을 듣고 받아 써 주세요. 그리고 당신의 대답을 써 주세요. Track 28

① Q _____
   A _____

② Q _____
   A _____

コラム

미안합니다

A　あのう、すみません。
B　はい？
A　これ、落としましたよ。
B　あ、すみません！

일본인은 종종 "사과를 너무 많이 한다"는 이야기를 듣습니다. 대표적인 사과 표현으로 "すみません"이 있지만, 사실 이 "すみません"은 사과 외에 감사의 마음을 표현할 때나 다른 사람을 부르거나 말을 걸 때도 사용합니다.

위의 회화 마지막에 있는 "すみません"은 "ありがとうございます"로도 바꿔 쓸 수 있습니다. 일본인들은 다른 사람에게 뭔가 수고를 끼쳤다고 생각했을 때 감사의 표현으로 "すみません"을 사용하는 경우가 많습니다. 감사하다면서 사과를 하는 것을 이상하게 생각하는 사람도 많이 있겠지만, 이런 표현을 적절히 잘 사용할 수 있게 되면 훨씬 자연스러운 일본어를 사용할 수 있습니다.

私の家族です

학습목표	★ 가족 구성에 대한 회화를 이해할 수 있다.
	★ 자신의 가족이나 애완동물에 대해서 소개할 수 있다.

ウォーミングアップ

1 CD를 듣고 각 그림에 해당하는 단어를 보기에서 찾아 써 주세요. Track 29

【자신의 가족에 대해서 다른 사람에게 말할 때】

보기 1 　姉　母　兄　妹　父　弟

【다나카 씨의 가족에 대해서 말할 때】

보기 2　　弟さん　お母さん　お姉さん　お兄さん　妹さん　お父さん

⑦ (58)　⑧ (56)

⑨ (24)　⑩ (22)　たなかさん (20)　⑪ (15)　⑫ (13)

2 다음 ①〜④의 문장에 이어질 회화문을 A〜D에서 각각 하나씩 골라 주세요.

① お父さんのお仕事は何ですか。(　　)
② この写真は、木村さんのお母さん？(　　)
③ 佐藤さんは三人家族ですか。(　　)
④ 弟さんは何歳になりましたか。(　　)

> A　そう。私の母。若い時の写真なの。
> B　はい、父と母と私。そして犬が一匹います。
> C　父は教師をしています。
> D　もう23歳になりました。

Track 30
＊CD를 듣고 답을 확인해 주세요.

聞いてみよう 1

1 CDを듣고 각 회화에 맞는 그림을 A~D 중에서 골라 주세요.

① (　　　)　　② (　　　)　　③ (　　　)　　④ (　　　)

A

B

C

D

2 회화를 다시 한 번 듣고, 올바른 쪽에 체크해 주세요.

① □ 男の人の妹は高校生です。
　　□ 男の人の妹は中学生です。

② □ 佐々木さんの犬は三歳です。
　　□ 佐々木さんの犬は大きいです。

③ □ 男の人のお兄さんはお母さんによく似ています。
　　□ 男の人のお兄さんはお父さんによく似ています。

④ □ 男の人は女の人にお父さんを紹介します。
　　□ 男の人は女の人に弟を紹介します。

聞いてみよう 2

CDを聞く前に

●● 대학생인 유리 씨가 학교에서 가족 사진을 보여주며 자신의 가족을 소개하고 있습니다.
사진을 보면서 유리 씨에게 하고 싶은 질문 세 개를 만들어 적어 보세요.

① _____
② _____
③ _____

CDを聞いた後に Track 32

1 위의 질문에 대한 답은 회화문에 나왔습니까? 나왔다면 그 답을 써 보세요.

① _____
② _____
③ _____

2 유리 씨의 가족에 대해서 올바른 쪽에 ○ 표시를 해 주세요.
① お父さんは（会社員 / 教師）です。
② お母さんは（姉 / 妹）と似ています。
③ 妹は高校（1年生 / 2年生）です。

3 회화를 다시 한 번 듣고, 내용과 맞는 것에 ○, 맞지 않는 것에 × 표시를 해 주세요.

①    ②    ③

ことばと表現

💭 가족

자신의 가족에 대해서 다른 사람에게 말할 때

祖父(そふ) 할아버지　　**祖母**(そぼ) 할머니　　**父**(ちち) 아버지, 아빠　　**母**(はは) 어머니, 엄마
両親(りょうしん) 양친, 부모님　　**兄弟**(きょうだい) 형제　　**兄**(あに) 오빠, 형　　**姉**(あね) 언니, 누나
弟(おとうと) 남동생　　**妹**(いもうと) 여동생

다른 사람의 가족에 대해서 말할 때

おじいさん 할아버지　　**おばあさん** 할머니　　**お父**(とう)**さん** 아버지　　**お母**(かあ)**さん** 어머니
ご両親(りょうしん) 양친, 부모님　　**ご兄弟**(きょうだい) 형제　　**お兄**(にい)**さん** 오빠, 형　　**お姉**(ねえ)**さん** 언니, 누나
弟(おとうと)**さん** 남동생　　**妹**(いもうと)**さん** 여동생

💭 직업

会社員(かいしゃいん) 회사원　　**教師**(きょうし) 교사　　**医者**(いしゃ) 의사　　**弁護士**(べんごし) 변호사
店員(てんいん) 점원　　**エンジニア** 엔지니어　　**運転手**(うんてんしゅ) 운전수　　**主婦**(しゅふ) 주부
学生(がくせい) 학생 (**小学生**(しょうがくせい) 초등학생　**中学生**(ちゅうがくせい) 중학생　**高校生**(こうこうせい) 고등학생　**大学生**(だいがくせい) 대학생)

やってみよう　다음 중 다른 세 단어와 성격이 다른 것을 하나 고르세요. 그리고 그 이유도 생각해 보세요.

① **兄**(あに)　　　　② **父**(ちち)
③ **弟**(おとうと)　　　　④ **母**(はは)

できますか

●● 아래의 그림을 보면서 CD의 질문을 듣고 올바른 답을 체크해 주세요. Track 33

① A ☐ 6人   B ☐ 4人

② A ☐ 銀行員   B ☐ 主婦   C ☐ 大学生   D ☐ 高校生

話してみよう

●● 당신은 미래에 어떤 가족을 가지고 싶습니까? 미래의 가족 사진을 그리고 소개해 주세요.

聞いて書いてみよう

●● CD의 질문을 듣고 받아 써 주세요. 그리고 당신의 대답을 써 주세요. Track 34

① Q
A

② Q
A

コラム

어버이날

한국의 5월 8일은 "어버이날"입니다. 일본은 "어버이날"이 "아버지날"과 "어머니날"로 따로따로 나뉘어져 있습니다. 어머니날은 5월 두 번째 일요일, 아버지날은 6월 세 번째 일요일로 정해져 있고, 매년 날짜가 바뀝니다.

어머니날에는 카네이션이나 과자, 어머니가 좋아하는 것을 선물합니다. 어머니날이 있는 5월은 전국에 있는 꽃집이 매우 바쁜 계절입니다.

그에 비해, 아버지는 흔히 가족의 대들보라고 여겨지지만, 아버지날은 어머니날보다 뭔가 분위기가 조용한 것 같습니다. 그 밖에 가족에 관한 날이라고 하면 "어린이날"이 있는데 이것은 한국, 일본 모두 5월 5일입니다. 이 날은 원래 "端午の節句(단고노셋구)"라고 해서, 남자아이의 건강한 성장을 기원하는 날이었습니다. 여자아이의 성장을 축하하는 날은 경축일은 아니지만, 3월 3일 "ひなまつり(히나마쓰리)"가 있습니다. 이와 같이 1년 중에 가족을 새삼 중요하게 생각하는 날이 여러 번 있는 것은 좋은 일이지요.

03 日曜日、何をしますか

> **학습목표**
> ★ 하루 일과나 스케줄에 대해서 이야기하거나 듣고 이해할 수 있다.
> ★ 휴일을 보내는 방법에 대해서 듣고 이해할 수 있다.

ウォーミングアップ

1 CD를 듣고 다음 ①~④의 그림에 맞는 일본어 표현을 보기 ⓐ~ⓓ 중에서 골라 써 주세요. Track 35

보기
ⓐ 掃除する　　ⓑ 勉強する
ⓒ 働く　　　　ⓓ 買い物をする

① (　　)　② (　　)　③ (　　)　④ (　　)

2 다음 ①~④의 문장에 이어질 회화문을 A~D에서 각각 하나씩 골라 주세요.

① 何時から何時まで働いていますか。(　　)
② 今日も夜10時まで図書館で勉強しなくちゃ。(　　)
③ 今週のアルバイトは週何回ですか。(　　)
④ 土曜日はいつも何をしていますか。(　　)

　A 月・水・金の3回です。
　B 家でゆっくり休んでいます。
　C 毎日毎日大変だね。
　D 午前9時から午後6時までです。

Track 36
＊ CD를 듣고 답을 확인해 주세요.

聞いてみよう 1

1 CDを 듣고 평소에 남자가 하는 일을 2개씩 골라 ○ 표시를 해 주세요. Track 37

① A　B　C　D

② A　B　C　D

③ A　B　C　D

④ A　B　C　D

2 회화를 다시 한 번 듣고, 올바른 쪽에 체크해 주세요.

① □ パクさんは毎日8時まで会社で働きます。
　　□ パクさんは毎朝8時までに会社へ行きます。

② □ パクさんは日曜日の午後、何もしません。
　　□ パクさんは午前中、何もしません。

③ □ 日曜日にパクさんの家でパーティーがあります。
　　□ 日曜日にパクさんの友達の家でパーティーがあります。

④ □ パクさんはこれから会社の人と買い物に行きます。
　　□ パクさんはこれから子どもと買い物に行きます。

聞いてみよう 2

CDを聞く前に

아래의 그림을 봐 주세요. 그림 속의 남자가 할 것 같은 일을 다음 그림 중에서 골라 체크해 보세요.

CDを聞いた後に Track 38

1. 다음 A~F의 그림 중에는 남자가 오늘 하지 않은 일이 하나 있습니다. 무엇인지 체크해 주세요.

2 1의 그림을 남자의 하루 스케줄 순서에 맞게 나열해 주세요.

F → ☐ → ☐ → ☐ → ☐

3 회화를 다시 한 번 듣고, 오늘 남자의 스케줄을 완성시켜 주세요.

時間	予定
時 ～ 時	
昼	佐々木様とお昼ご飯（寿司）
時 ～ 時半	
時 ～	

ことばと表現

- 요일

日曜日 (にちようび) 일요일	月曜日 (げつようび) 월요일	火曜日 (かようび) 화요일	水曜日 (すいようび) 수요일
木曜日 (もくようび) 목요일	金曜日 (きんようび) 금요일	土曜日 (どようび) 토요일	

- 시간

1時 1시	2時 2시	3時 3시	4時 4시
5時 5시	6時 6시	7時 7시	8時 8시
9時 9시	10時 10시	11時 11시	12時 12시
30分(ぷん) 30분	〜時半(じはん) 〜시 반	午前(ごぜん) 오전	午後(ごご) 오후

- 때를 나타내는 표현

昨日(きのう) 어제	今日(きょう) 오늘	明日(あした) 내일	おととい 그저께
あさって 모레	先週(せんしゅう) 지난주	今週(こんしゅう) 이번 주	来週(らいしゅう) 다음주
先月(せんげつ) 지난달	今月(こんげつ) 이번 달	来月(らいげつ) 다음달	去年(きょねん) 작년
今年(ことし) 올해	来年(らいねん) 내년	一昨年(おととし) 재작년	再来年(さらいねん) 내후년

- 동사

行(い)く 가다	帰(かえ)る (집에) 돌아가다	起(お)きる 일어나다	寝(ね)る 잠자다
働(はたら)く 일하다	見(み)る 보다	聞(き)く 듣다	会(あ)う 만나다
勉強(べんきょう)する 공부하다	掃除(そうじ)する 청소하다	食事(しょくじ)をする 식사를 하다	

やってみよう 다음 중 다른 세 단어와 성격이 다른 것을 하나 고르세요. 그리고 그 이유도 생각해 보세요.

① 勉強(べんきょう)する　　② 会(あ)う
③ 掃除(そうじ)する　　　　④ 見(み)る

できますか

대학생인 기무라 씨의 하루 스케줄을 보면서, CD의 질문을 듣고 올바른 답을 체크해 주세요. Track 39

To Do List

8:50～11:40	授業
12:00	彼女とランチ
14:00～17:00	バイト
18:30	飲み会

① A 　　B

② 　A ☐ 12:00　　　B ☐ 18:30

03 日曜日、何をしますか

話してみよう

●● 당신은 지난주 일요일 무엇을 했습니까? 체크해 보고 친구에게도 물어보세요.

聞いて書いてみよう

●● CD의 질문을 듣고 받아 써 주세요. 그리고 당신의 대답을 써 주세요. Track 40

① Q
　A

② Q
　A

コラム

워크 라이프 밸런스

"워크 라이프 밸런스(ワークライフバランス)"라는 말을 들어 본 적이 있습니까? 워크 라이프 밸런스란 자신만의 시간을 충분히 보냄으로써 일의 능률이 올라 생활이 더욱 윤택해진다는 사고방식으로, 일과 사생활의 균형 잡힌 양립과 그로 인한 양쪽의 상승 효과를 높이는 조합 전반을 가리키는 말입니다. 사생활을 희생하며 매일 야근을 하고 휴일에도 출근하고, 가족이나 친구, 연인과 함께 충분한 시간을 보내지 못하고 자신만의 시간도 거의 갖지 못하는 사람들이 많이 있습니다. 최근 일본에서는 출산·육아 휴직이나 간호 휴직 등의 "휴가·휴업 제도"를 정비하거나, 야근 억제책 또는 단시간 근무제도, 탄력시간 근무제 등의 "일하는 시간에 대한 재검토"를 시행하는 기업이 나오고 있습니다. 그 외에도 생활 방식에 맞춰 다양한 조합이 필요합니다. 이러한 워크 라이프 밸런스의 사고방식이 많은 기업에 침투해서 앞으로 일본인들의 일하는 방식이 어떻게 바뀌어 갈지 주목할 만한 부분입니다.

04 天気予報を見ましたか

학습목표	★ 계절과 날씨에 대해 이야기하거나 듣고 이해할 수 있다.
	★ 일기예보를 듣고 이해할 수 있다.

ウォーミングアップ

1 CD를 듣고 다음 ①~④의 그림에 맞는 일본어 표현을 보기 ⓐ~ⓓ 중에서 골라 주세요. Track 41

보기
ⓐ 暖かい　　ⓑ 暑い
ⓒ 寒い　　　ⓓ 涼しい

① (　　)　② (　　)　③ (　　)　④ (　　)

2 다음 ①~④의 문장에 이어질 회화문을 A~D에서 각각 하나씩 골라 주세요.
① 今日の天気予報、見ましたか。(　　)
② 今日は暖かいですね。(　　)
③ あ、雨が降ってきましたよ。(　　)
④ ああ、寒い、寒い。(　　)

Track 42
＊ CD를 듣고 답을 확인해 주세요.

A はい、見ました。今日は晴れのちくもりだそうですよ。
B 外は雪が降っているみたいですよ。
C え、そうなんですか。困りました。傘がないんです。
D ええ、もうコートは要りませんね。やっと春が来たみたいです。

聞いてみよう 1

1 CD를 듣고, 각 회화에 맞는 그림을 A~D 중에서 골라 주세요. Track 43

① (　　　)　　② (　　　)　　③ (　　　)　　④ (　　　)

A

B

C

D

2 회화를 다시 한 번 듣고, 올바른 쪽에 체크해 주세요.

① ☐ 女の人は、暑くも寒くもない秋が好きです。
　 ☐ 女の人は、ビールがおいしい夏が好きです。

② ☐ 女の人は傘が一本しかありません。
　 ☐ 女の人は傘を男の人に貸します。

③ ☐ 今日の最高気温は10度です。
　 ☐ 今日の最低気温はマイナス10度です。

④ ☐ 女の人が出かける時、晴れることが多いです。
　 ☐ 女の人が出かける時、雨がよく降ります。

聞いてみよう 2

CDを聞く前に

●● 아래의 그림은 텔레비전 일기예보 화면입니다. 몇 월의 일기예보인지 아래에 체크한 다음, CD를 듣고 정답을 확인해 주세요.

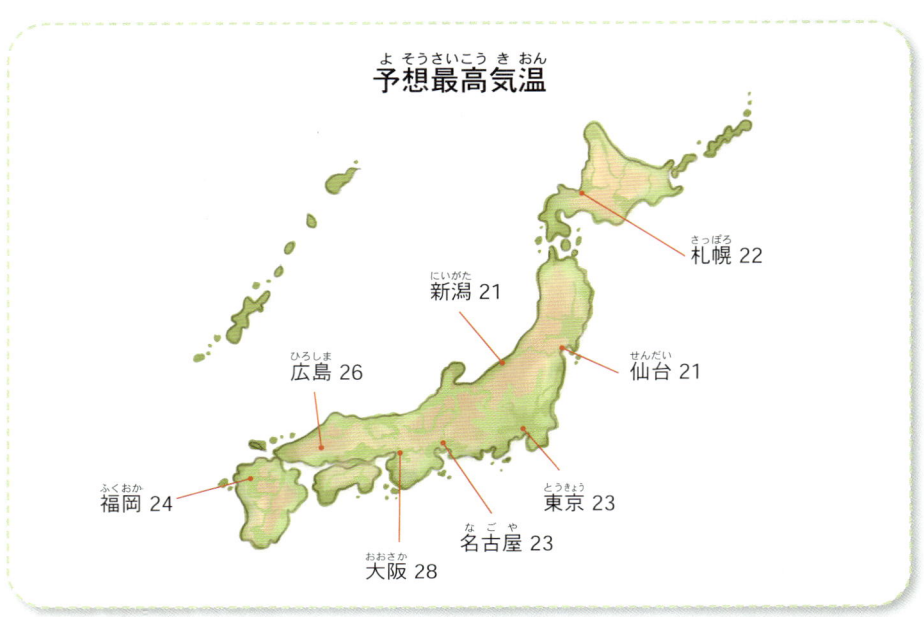

① ☐ 3月30日　　② ☐ 5月30日　　③ ☐ 7月30日

CDを聞いた後に Track 44

1 남자가 출장을 가는 것은 언제부터 언제까지입니까? 밑줄 친 부분에 정답을 써 주세요.

_____月_____日　～　_____月_____日

2. 회화의 내용에 맞는 일기예보를 다음 중에서 골라 ○ 표시를 해 주세요.

	30(木)	31(金)	1(土)	2(日)	3(月)
① 名古屋	☀ 30℃ / 21℃	☂ 25℃ / 19℃	☁ 26℃ / 18℃	☂ 25℃ / 19℃	☀ 32℃ / 19℃
② 名古屋	☂ 26℃ / 19℃	☀ 33℃ / 21℃	☀ 32℃ / 20℃	☂ 25℃ / 19℃	☂ 24℃ / 19℃
③ 名古屋	☂ 25℃ / 18℃	☁☀ 29℃ / 19℃	☀ 31℃ / 22℃	☁☀ 29℃ / 20℃	☂ 26℃ / 19℃
④ 名古屋	☂ 28℃ / 17℃	☀ 32℃ / 18℃	☂ 25℃ / 19℃	☂ 27℃ / 19℃	☁☀ 30℃ / 18℃
⑤ 名古屋	☂ 28℃ / 19℃	☂ 25℃ / 19℃	☁☀ 28℃ / 17℃	☀ 32℃ / 21℃	☀ 32℃ / 20℃

3. 회화를 다시 한 번 듣고, 남자가 출장에 갖고 갈 것을 다음 중에서 골라 ○ 표시를 해 주세요.

ことばと表現

- 날씨·온도에 관한 단어

  天気予報 일기예보　**晴れ** 맑음　**曇り** 흐림　**雨** 비
  雪 눈　**台風** 태풍　**強風** 강풍　**梅雨** 장마
  最高気温 최고기온　**最低気温** 최저기온　**〜度** 〜도　**マイナス** 영하
  晴れのち曇り 맑은 뒤 흐림　**晴れ時々曇り** 맑음 때때로 흐림
  晴れ時々雨 맑음 때때로 비　**曇りのち雨** 흐린 뒤 비
  曇りのち晴れ 흐린 뒤 갬　**雨のち晴れ** 비 온 뒤 갬

- 자연재해에 관한 단어

  地震 지진　**津波** 쓰나미, 해일　**洪水** 홍수　**竜巻** 회오리바람

- 날씨와 관련된 표현

  暑い 덥다　**蒸し暑い** 무덥다　**暖かい** 따뜻하다　**涼しい** 시원하다
  寒い 춥다　**湿気が多い** 습기가 많다

- 복장·소지품에 관한 단어

  半袖 반소매　**長袖** 긴소매　**シャツ** 셔츠　**セーター** 스웨터
  ズボン 바지　**コート** 코트　**帽子** 모자　**サングラス** 선글라스
  手袋 장갑　**タオル** 타월　**長傘** 장우산　**折り畳み傘** 접는 우산

やってみよう　다음 밑줄에 공통적으로 들어갈 한자를 「晴·雨·雪·曇」 중에서 하나 고르고, 각각 읽는 법을 조사해 봅시다.

① ＿＿＿女　　② 小＿＿＿
③ 梅＿＿＿　　④ ＿＿＿足

できますか

아래의 일기예보 그림을 보면서 CD의 질문을 듣고 올바른 답을 체크해 주세요. Track 45

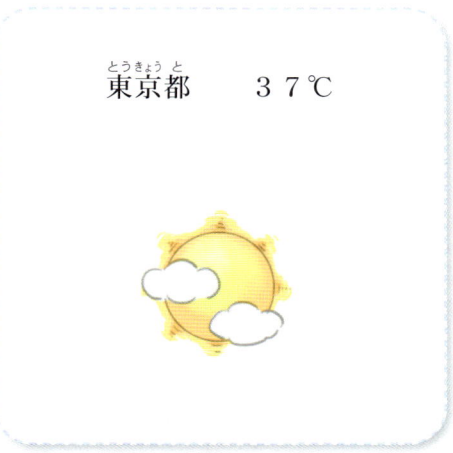

ソウル市　２５℃

東京都　３７℃

① 　A ☐ 雨　　　　　　　　B ☐ 晴れ時々曇り

② 　A ☐ ソウル　　　　　　B ☐ 東京

話してみよう

●● 당신은 계절 중에서 언제를 가장 좋아합니까? 그 이유도 이야기하고 친구에게도 물어 보세요.

私(わたし)が好(す)きな季節(きせつ)は、＿＿＿＿＿＿＿＿＿＿です。

＿＿＿＿＿＿＿＿＿＿からです。

聞いて書いてみよう

●● CD의 질문을 듣고 받아 써 주세요. 그리고 당신의 대답을 써 주세요. Track 46

① Q ＿＿＿＿＿＿＿＿＿＿＿＿＿＿＿＿＿＿＿＿＿
　 A ＿＿＿＿＿＿＿＿＿＿＿＿＿＿＿＿＿＿＿＿＿

② Q ＿＿＿＿＿＿＿＿＿＿＿＿＿＿＿＿＿＿＿＿＿
　 A ＿＿＿＿＿＿＿＿＿＿＿＿＿＿＿＿＿＿＿＿＿

コラム

동일본대지진의 교훈

2011년 3월 11일 일어난 동일본대지진은 사망자와 행방불명자를 포함해 1만 8천 명이 넘는 피해자가 발생한, 일본 관측사상 최대의 자연재해입니다. 피해지역인 미야기현(宮城県)과 이와테현(岩手県)의 연안에 살고 있던 많은 외국인들 역시 재해를 입었습니다. 막대한 피해를 가져온 것은 뭐니뭐니 해도 쓰나미였습니다. 외국에는 지진이 거의 발생하지 않는 나라도 있습니다. 그런 나라에서 온 사람은 쓰나미가 온다는 것도 잘 알지 못하고 지진이 있은 후에 어떻게 행동을 해야 되는지도 알지 못한 채, 그저 두려움에 떨며 어쩔 줄 몰라 하고 있었을 것입니다. "돈대(高台)로 피해 주세요"라는 주위 사람들의 외침을 들어도 "돈대"라는 말을 알지 못해서 혼란스러웠다는 이야기를 들었습니다. 피해 지역에서는 지진이 있은 후 한동안 라디오나 사람들의 입소문이 주요 정보원이 되었습니다. 일본어가 능숙하지 못한 외국인을 위해서 다언어나 쉬운 일본어로 정보를 제공하는 라디오 방송도 실시하였습니다. 지진 재해 후, NHK에서는 매일 쉬운 일본어로 뉴스를 제공하고 있습니다. 일본 내에 거주하는 외국인에게 올바른 정보를 신속하고 정확하게 전달하기 위해서이지요. 이것도 지진 재해의 교훈이라고 말할 수 있을 것입니다.

05 一緒に映画を見ませんか

학습목표
★ 친구와 놀러 가기 위해 만날 시간과 장소 약속을 전화로 전할 수 있다.
★ 외출할 때 가져 갈 것에 대해서 듣고 이해할 수 있다.

ウォーミングアップ

1 CD를 듣고 다음 ①~④의 그림에 맞는 일본어 표현을 보기 ⓐ~ⓓ 중에서 골라 주세요. Track 47

보기
ⓐ 映画   ⓑ カラオケ
ⓒ 山登り   ⓓ サッカー

① (　)　② (　)　③ (　)　④ (　)

2 다음 ①~④의 문장에 이어질 회화문을 A~D에서 각각 하나씩 골라 주세요.

① 佐藤さん、スポーツ、好きですか。(　)
② 久しぶりに、一緒に歌いたいですね。(　)
③ いつ、山登りに行きましょうか。(　)
④ 日曜日、よかったら、一緒に映画を見ませんか。(　)

A そうですね、今週末は忙しいので、来週末はどうですか。
B いいですね。何の映画ですか。
C はい、好きです。特にサッカーを見るのが好きですね。
D じゃ、これからカラオケに行きますか。

Track 48
★ CD를 듣고 답을 확인해 주세요.

聞いてみよう 1

1 CD를 듣고 각 회화에 맞는 그림을 A~D 중에서 골라 주세요. Track 49

① (　　　)　　② (　　　)　　③ (　　　)　　④ (　　　)

A　　　　　　　　　　　B

C　　　　　　　　　　　D

2 회화를 다시 한 번 듣고, 올바른 쪽에 체크해 주세요.

① □ 女の人は、今週の土曜日、男の人と映画を見に行きます。
　 □ 女の人は、来週の土曜日、映画を見ることができます。

② □ 女の人は、野球を見るのが好きです。
　 □ 女の人は、日曜日野球を見に行きます。

③ □ 女の人は、水を忘れました。
　 □ 女の人は、初めて山登りをします。

④ □ 男の人は女の人と一緒にドライブに行きます。
　 □ 男の人は箱根で女の人に会いたいです。

聞いてみよう 2

CDを聞く前に

다음 사진을 봐 주세요.
이 계절에 친구와 외출한다면 당신은 무엇을 하고 싶은지 이야기해 보세요.

CDを聞いた後に Track 50

1 회화를 듣고 두 사람이 할 일을 다음 중에서 골라 주세요.

A　　　　　　　　B　　　　　　　　C

D　　　　　　　　E　　　　　　　　F

2 다음을 회화의 순서에 맞게 나열해 주세요.

① 待ち合わせはどうしましょうか。

② もしもし。金です。

③ ちょっと予定を確認してみますね。えっと、何もないですよ。

④ もしよかったら、一緒にどうですか。

⑤ 今週の土曜日は何かありますか。

☐ → ☐ → ☐ → ☐ → ☐

3 회화를 다시 한 번 듣고, 내용에 맞는 것을 체크해 주세요.

① 女の人はどうやって駅まで行きますか。

A ☐ 　　B ☐

② 女の人は、何を持って行きますか。

A ☐ 　　B ☐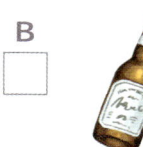

③ 三人は、何時に駅の前で会いますか。

A ☐ 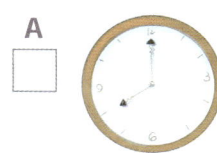　　B ☐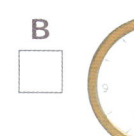

④ 男の人は、何を持って行きますか。

A ☐ 　　B ☐

ことばと表現

취미

映画を見る 영화를 보다
絵をかく 그림을 그리다
カラオケに行く 노래방에 가다
飲みに行く 술을 마시러 가다 (**飲み会をする** 술자리를 갖다)
スポーツをする 운동을 하다 (예: **サッカーをする** 축구를 하다　**野球をする** 야구를 하다 등)
山登りをする 등산을 하다
音楽を聞く 음악을 듣다
ドライブをする 드라이브를 하다

문형·표현

전화 표현	**もしもし** 여보세요
사정을 묻는 표현	**〜、時間がありますか** 〜, 시간 있으신가요? **〜、何かありますか** 〜, 뭔가 있나요?
권하는 표현	**〜ませんか** 〜하지 않을래요? (예: **行きませんか** 가지 않을래요?) **〜ない？** 〜하지 않을래? (예: **行かない？** 가지 않을래?) **一緒にどうですか** 같이 어떠세요?

やってみよう 돈이 없어도 즐길 수 있는 취미를 골라 주세요. 몇 개라도 좋습니다.

① カラオケに行く　② 山登りをする　③ 映画を見る　④ サッカーをする
⑤ ジョギングをする　⑥ 音楽を聞く　⑦ 絵をかく　⑧ ドライブをする
⑨ 温泉に行く　⑩ 野球をする

できますか

●● 아래의 공지를 보면서 CD의 질문을 듣고, 올바른 답을 체크해 주세요. Track 51

BBQ PARTY

7月7日（土）
10:00～14:00
場所　かわだ小学校
参加費　500円
（留学生　無料）

① A ☐ 10:00　　　　B ☐ 14:00

② A ☐ 500円　　　　B ☐ 無料

話してみよう

●● 두 사람이 짝이 되어 A와 B로 역할을 나누어 회화를 해 보세요.

> **A** 당신은 이번주 일요일 B씨와 영화를 보러 가고 싶습니다. 전화를 걸어서 B씨의 사정을 물어 주세요. B씨의 사정이 좋다면 만날 시간과 장소를 다시 정해 주세요.

> **B** A씨로부터 전화가 왔습니다. 당신은 이번주 일요일 특별한 예정이 없습니다.

聞いて書いてみよう

●● CD의 질문을 듣고 받아 써 주세요. 그리고 당신의 답을 써 주세요. Track 52

① Q _____
　 A _____

② Q _____
　 A _____

コラム

후지산과 일본인

일본에서 가장 높은 산인 후지산(富士山)은 일본의 상징으로 알려져 있습니다. 그런 후지산이 2013년 세계문화유산에 등재되기로 결정되었습니다. 후지산은 그 아름다운 모습으로 세계에서도 몇 안 되는 명산으로 알려져 있는 한편, 일본인들에게는 때로는 분화로 인한 재해를 가져오는 대단히 두려운 산이기도 했습니다. 그 때문에 옛날부터 일본 사람들은 후지산을 신이 사는 신령한 산으로 숭배해 왔는데, 이것이 바로 "후지산 신앙(富士山信仰)"이라고 알려진 것입니다. 또한, 오랜 역사 속에서 후지산은 수많은 예술 작품과 문학 작품의 소재가 되었고, 이렇게 문화면에 큰 영향을 준 것이 이번에 세계문화유산 등재로 이어졌다고 할 수 있습니다. 최근 연간 등산자 수가 20만 명을 넘는다고 하는데, 세계문화유산 등재로 그 수가 훨씬 늘어날 것 같네요.

机の上にありましたよ
（つくえ の うえ に ありましたよ）

학습목표	★ 각 방의 명칭을 말하거나 듣고 이해할 수 있다. ★ 방 안에 있는 물건을 말하거나 듣고 이해할 수 있다.

ウォーミングアップ

1 CD를 듣고 다음 ①~④의 그림에 맞는 일본어 표현을 보기 ⓐ~ⓓ 중에서 골라 주세요. Track 53

보기
ⓐ リビング　　　ⓑ 玄関（げんかん）
ⓒ 和室（わしつ）　　ⓓ 台所（だいどころ）

① (　　)　② (　　)　③ (　　)　④ (　　)

2 다음 ①~④의 문장에 이어질 회화문을 A~D에서 각각 하나씩 골라 주세요.

① 私（わたし）のかぎを見（み）ませんでしたか。(　　)
② こたつはどこに置（お）きましょうか。(　　)
③ 鈴木（すずき）さんの寮（りょう）の部屋（へや）はどうですか。(　　)
④ 家（いえ）のリビングには何（なに）がありますか。(　　)

Track 54
＊ CD를 듣고 답을 확인해 주세요.

A 和室（わしつ）に置（お）いてください。
B テレビやテーブルやソファーなどがあります。
C 机（つくえ）の上（うえ）にありましたよ。
D とても狭（せま）いです。台所（だいどころ）もありませんから。

聞いてみよう 1

1 CD를 듣고 각 회화에 맞는 그림을 A~D 중에서 골라 주세요. Track 55

① (　　　)　② (　　　)　③ (　　　)　④ (　　　)

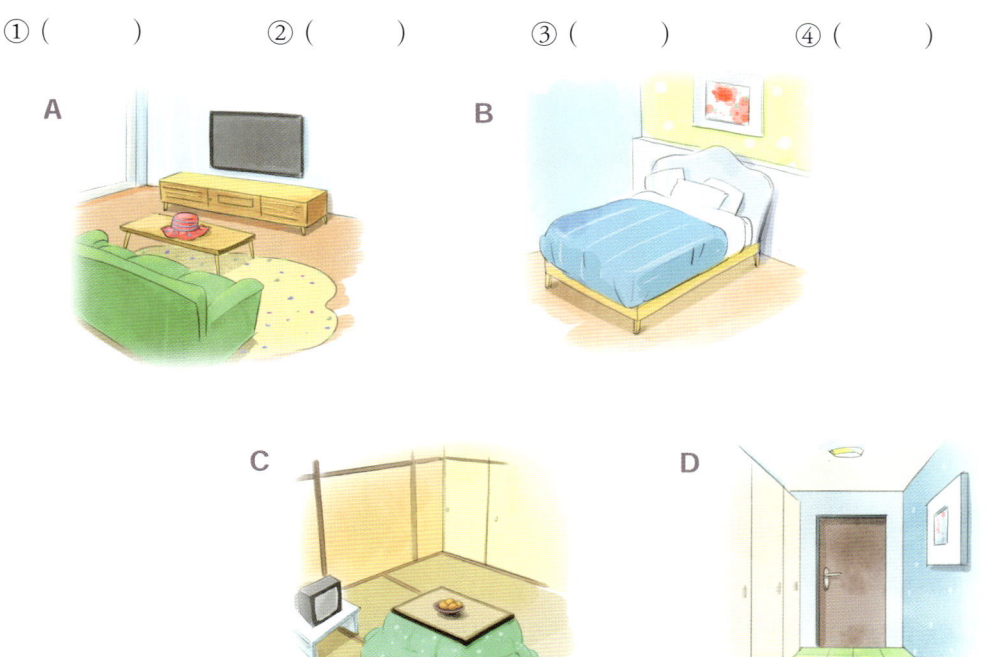

2 회화를 다시 한 번 듣고, 내용에 맞으면 ○를, 맞지 않으면 × 표시를 해 주세요.

① 絵をかいたのは男の人のお母さんです。(　　)

② 女の人の家にはこたつがありません。(　　)

③ この人の家のリビングには絵があります。(　　)

④ 男の人の時計はお母さんの帽子の下にあります。(　　)

聞いてみよう 2

CDを聞く前に

●● 당신이 일본에서 방을 빌려서 산다고 한다면 어떤 곳에 살고 싶습니까? 이야기해 봅시다.

□ 駅に近いところ
□ 家具がついているところ
□ 家賃が安いところ（　　　　　円くらい）
□ お店がたくさんあるところ
□ 会社や学校が近いところ
□ その他（　　　　　　　　　　　）

CDを聞いた後に Track 56

1　여자는 어떤 아파트에 살고 싶다고 말하고 있습니까? 해당하는 것에 모두 체크해 주세요.

① □ 駅に近いところ
② □ 家具がついているところ
③ □ 家賃が安いところ（　　　　　円くらい）
④ □ お店がたくさんあるところ
⑤ □ 会社や学校が近いところ

2 여자가 보러 갈 방에 딸려 있는 가구를 모두 체크해 주세요.

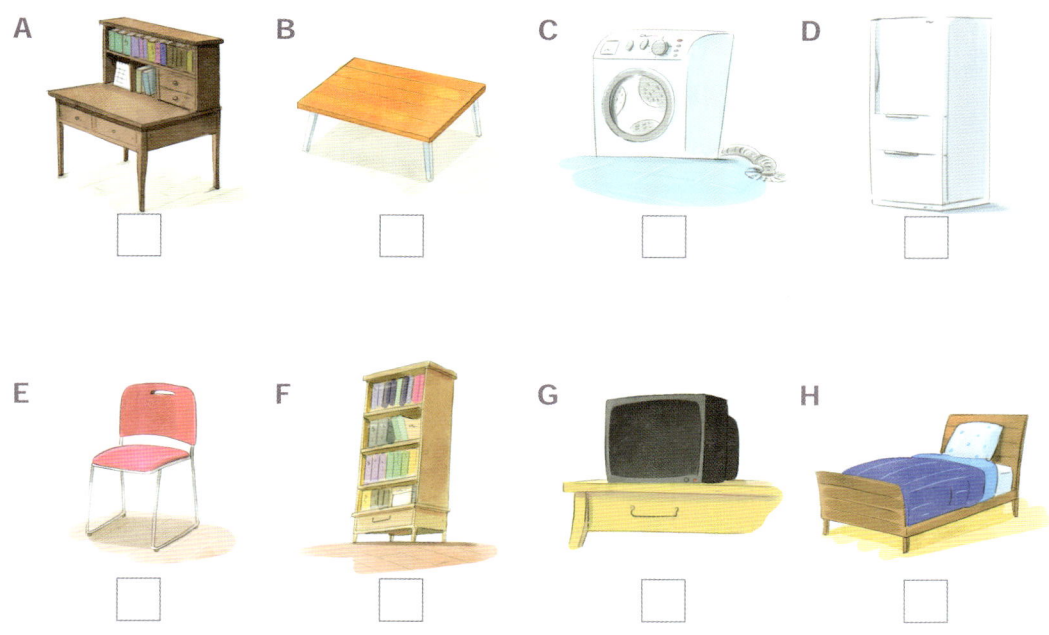

3 회화를 다시 한 번 듣고, 다음 문장의 밑줄 친 부분 a~j에 들어갈 적절한 말을 써 주세요.

① 高い方の部屋は家賃 a_____ 円です。安い方の部屋の家賃は b_____ 円です。

② 高い方の部屋には、ベッドと c_____、d_____、e_____、f_____ と g_____、h_____ があります。

③ 見に行く部屋は i_____ で、小さい j_____ があります。

ことばと表現

방의 명칭

リビング(居間) 거실　　玄関 현관　　和室 일본 전통방
台所(キッチン) 부엌　　寝室 침실　　浴室(お風呂場) 욕실
洗面所 세면장　　トイレ 화장실

방 배치

ワンルーム 원룸　　１ＬＤＫ 방 1, 거실, 식당, 부엌
２ＤＫ 방 2, 식당, 부엌　　３ＬＤＫ 방 3, 거실, 식당, 부엌
＊Ｌ＝リビング 거실　　Ｄ＝ダイニング 식당　　Ｋ＝キッチン 부엌

가구・가전제품

机 책상　　いす 의자　　棚 장식장
本棚 책장　　タンス 서랍　　テーブル 테이블, 탁자
時計 시계　　ソファー 소파　　ベッド 침대
こたつ 고타쓰　　洗濯機 세탁기　　冷蔵庫 냉장고
テレビ 텔레비전　　パソコン 퍼스널 컴퓨터　　電話 전화기

위치를 나타내는 단어

上 위　　下 아래　　右 오른쪽　　左 왼쪽
前 앞　　後ろ 뒤　　中 안　　外 밖
真ん中 한 가운데　　間 사이　　隣 옆, 곁　　横 옆
近く 근처, 주변

표현

ごめんください 실례합니다 / 계세요?
どなたですか 누구세요?
どうぞおあがりください 어서 들어 오세요
おじゃまします / 失礼します 실례하겠습니다

できますか

●● 아래 그림을 보면서 CD의 질문을 듣고, 올바른 답을 체크해 주세요. Track 57

① A ☐ はい、あります。　　B ☐ いいえ、ありません。

② A ☐ ベッドの上にあります。　B ☐ 棚の上にあります。

やってみよう　다음 중 다른 세 단어와 성격이 다른 것을 하나 고르세요. 그리고 그 이유도 생각해 보세요.

① トイレ　　　　② 洗面所
③ 台所　　　　　④ 和室

話してみよう

●● 두 사람이 짝이 되어 한 사람은 아래의 그림A, 다른 한 사람은 173쪽의 그림B를 보고 각 방의 구조를 말해 보세요. 그리고 A와 B의 방 구조의 차이를 찾아 보세요.

聞いて書いてみよう

●● CD의 질문을 듣고 받아 써 주세요. 그리고 당신의 답을 써 주세요. Track 58

① Q _____
   A _____

② Q _____
   A _____

コラム

집 빌리기

일본의 신학기는 4월에 시작합니다. 그 때문에 3월은 이사 시즌으로 이사업체가 매우 바쁜 시기입니다. 학생이 방을 빌릴 경우, 비교적 가격이 싼 아파트나 원룸 맨션을 고르는 경우가 많습니다. 일본의 아파트는 2층 건물의 집합주택을 말하고, 맨션은 그 이상의 층수를 가진, 한국에서 말하는 "아파트"에 해당하는 집합주택입니다. 방을 새로 빌릴 때 집주인에게는 전세 보증금과 사례금을, 부동산 회사에는 중개료를 지불하는 경우가 많습니다. 전세 보증금이란 방을 나갈 때 필요하게 되는 리폼이나 청소 요금을 위한 준비금으로, 잔액을 나중에 돌려주는 시스템입니다. 사례금은 집주인에게 감사의 의미로 지불하는 돈이기 때문에 되돌려 받는 돈은 아닙니다. 전세 보증금과 사례금 외에 매월 집세를 지불하게 됩니다. 최근에는 전세 보증금이나 사례금이 없는 아파트도 나오고 있습니다. 일본에서는 "떠나는 새는 흔적을 남기지 않는다(立つ鳥、跡を濁さず)"라는 말이 있는데, 이 말처럼 계약 기간이 끝나서 방을 비워줄 때에는 대청소를 해서 방을 깨끗하게 합니다. 새로 그 방을 빌리는 사람은 깨끗해진 방을 보고 계약을 하게 됩니다. 이전 세입자가 살고 있는 상태에서 새로 방을 빌리려는 사람이 방을 보러 오거나, 새로 이사 오는 쪽에서 청소를 하는 한국 시스템과는 이 점에서 큰 차이가 있습니다.

07 歩いて5分くらいです

> 학습목표
> ★ 목적지까지 가는 길을 알려주거나 듣고 이해할 수 있다.
> ★ 목적지까지 가는데 드는 시간이나 비용에 대해서 묻거나 알려 줄 수 있다.

ウォーミングアップ

1 CD를 듣고 다음 ①~④의 그림에 맞는 일본어 표현을 보기 ⓐ~ⓓ 중에서 골라 주세요. Track 59

보기
ⓐ まっすぐ行く ⓑ 右へ曲がる
ⓒ 左へ曲がる   ⓓ 横断歩道を渡る

① (　)　② (　)　③ (　)　④ (　)

2 다음 ①~④의 문장에 이어질 회화문을 A~D에서 각각 하나씩 골라 주세요.

① あのう、すみません。郵便局はどこにありますか。(　)
② ホテルジャパンへ行きたいんですが、ここから遠いですか。(　)
③ （タクシーの運転手に）そこの信号を左に曲がってください。(　)
④ ここから空港までいくらぐらいかかりますか。(　)

> A はい、左ですね。 Track 60
> B この道をまっすぐ10分くらい行くと、銀行の隣にありますよ。　＊CD를 듣고 답을 확인해 주세요.
> C モノレールで行けば630円ですが、バスなら570円です。
> D いえ、近いですよ。歩いて5分くらいです。

聞いてみよう 1

1 남자와 여자가 지도를 보면서 이야기하고 있습니다. CD를 듣고, 각 회화에 맞는 목적지를 아래 그림의 A~F 중에서 골라 주세요. Track 61

① (　　　)　　② (　　　)　　③ (　　　)　　④ (　　　)

2 회화를 다시 한 번 듣고, 다음 ①~④의 밑줄 친 부분에 들어갈 적절한 말을 써 주세요.

① このお店は、銀行の＿＿＿＿＿にあります。

② レストランは、スーパーと銀行の＿＿＿＿＿にあります。

③ 本屋は銀行の前の＿＿＿＿＿を渡るとすぐ＿＿＿＿にあります。

④ 駐車場はここから2つ目の＿＿＿＿＿を渡って、すぐ＿＿＿＿にあります。

07 歩いて5分くらいです

聞いてみよう 2

CDを聞く前に

●● 당신은 처음 가는 장소에 대해서 알아볼 때, 가는 길을 어떻게 조사하는지 이야기해 보세요.

□ 目的地に電話をかけて聞く

□ インターネットで調べる

□ 地図帳を見る

□ 行ったことがある人に聞く

CDを聞いた後に Track 62

1 여자는 목적지까지 가는 길을 어떻게 조사했습니까? 해당하는 것에 모두 체크해 주세요.

① □ 目的地に電話をかけて聞く

② □ インターネットで調べる

③ □ 地図帳を見る

④ □ 行ったことがある人に聞く

2 여자가 목적지까지 가는데 이정표가 되는 건물에 모두 체크해 주세요.

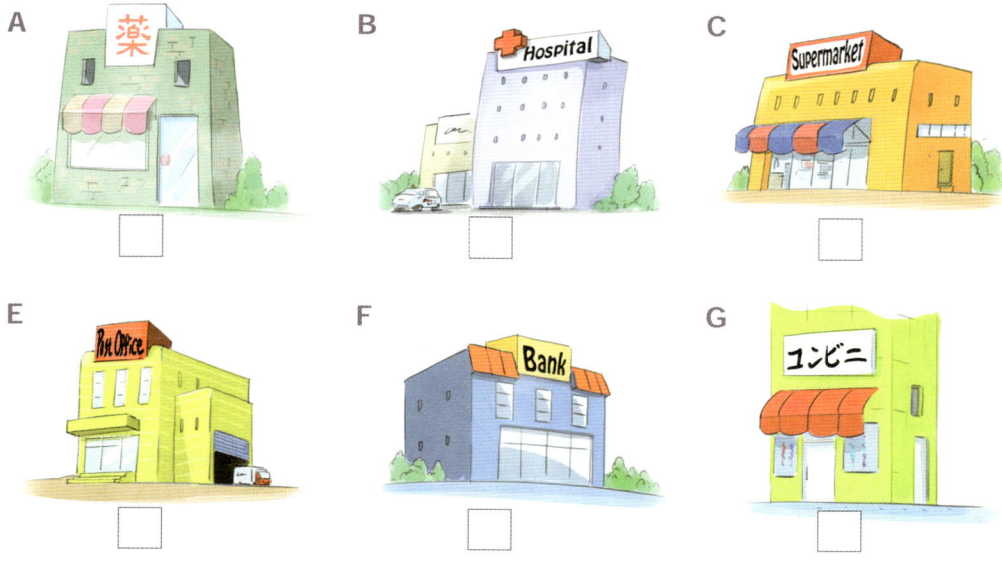

3 회화를 다시 한 번 듣고, 목적지인 장소를 A~I 중에서 골라 주세요.

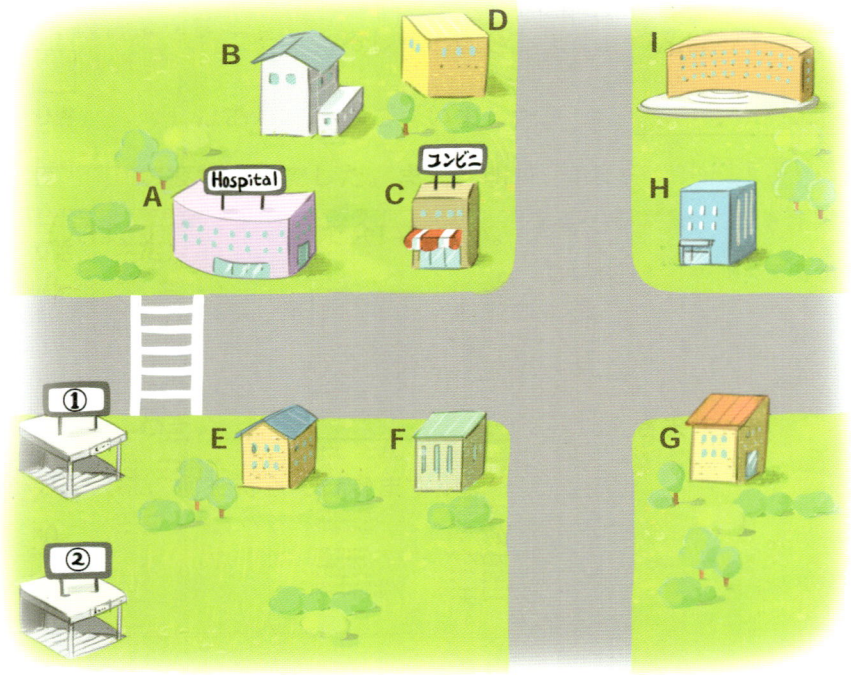

ことばと表現

📎 길을 설명할 때

まっすぐ行く 직진하다
右 / 左へ曲がる 오른쪽 / 왼쪽으로 꺾다
交差点 / 信号 / 横断歩道を渡る 교차로 / 신호 / 횡단보도를 건너다
〜出口(예：**1番出口** 1번 출구)**を出る** ~번 출구로 나오다

📎 위치를 나타내는 단어

〜の前 ~의 앞	**〜の後ろ** ~의 뒤	**〜と〜の間** ~와 ~의 사이
〜の右 ~의 오른쪽	**〜の左** ~의 왼쪽	**〜の近く** ~ 근처, ~ 주변
〜の隣 ~의 옆	**〜の横** ~의 옆	**〜のそば** ~의 옆

📎 건물・가게

病院 병원	**ホテル** 호텔	**郵便局** 우체국
銀行 은행	**大学** 대학교	**市役所** 시청
店 가게, 상점	**コンビニ** 편의점	**スーパー** 슈퍼마켓
薬局 약국	**図書館** 도서관	**レストラン** 레스토랑
ビル 빌딩	**ネットカフェ** 인터넷 카페	

📎 표현

〜と、〜があります ~(하)면 ~가 있습니다
(예：**まっすぐ行くと、病院があります**) 직진하면 병원이 있습니다
〜と、〜が出ます ~(하)면 ~가 나옵니다

できますか

●● 아래의 지도를 보면서 CD의 질문을 듣고, 올바른 답을 체크해 주세요. Track 63

① A ☐ はい、あります。　　B ☐ いいえ、ありません。

② A ☐ 公園と郵便局の間　　B ☐ 銀行の隣

やってみよう　①~④의 상황일 때 당신은 어디에 갑니까? 아래의 장소에서 골라 주세요.

| 病院 | ホテル | 銀行 | 郵便局 | コンビニ |
| 大学 | スーパー | 薬局 | 図書館 | レストラン |

① 風邪をひいた時　　　　② お腹がすいた時
③ 飲み物が飲みたい時　　④ 勉強したい時

話してみよう

●● 두 사람이 짝이 되어 A와 B로 역할을 나누어 회화를 해 보세요.

> **A** 휴일에 B씨의 집에 놀러 갈 예정입니다. B씨의 집까지 어떻게 가면 좋은지 B씨에게 물어 보세요.

> **B** 휴일에 A씨가 집에 놀러 올 예정입니다. A씨의 집에서 어떻게 오면 좋은지 A씨에게 설명해 주세요.

聞いて書いてみよう

●● CD의 질문을 듣고 받아 써 주세요. 그리고 당신의 대답을 써 주세요. Track 64

① Q
　A

② Q
　A

コラム

일본의 택시

일본의 택시는 한국과 비교하면 요금이 매우 비쌉니다. 지역이나 택시 회사에 따라서 다르지만 기본 요금이 650엔 정도로, 비교적 안전하고 안심할 수 있는 교통수단이라고 할 수 있습니다. 한국 택시와  비교하자면 먼저 문의 개폐 방법에서 차이가 있습니다. 한국에서는 손님이 직접 문을 열고 닫지만, 일본에서는 운전수가 조작해서 뒷좌석 문을 자동으로 열고 닫습니다. 또한 일본에서는 택시를 혼자서 타더라도 뒷좌석에 타는 것이 일반적입니다. 최근에는 뒷좌석에 탈 때에도 안전벨트 착용이 의무화되었습니다. 흔히 택시기사라고 하면 남성의 이미지가 강한데, 최근에는 여성 택시기사도 늘어나고 있습니다. 또 여성 택시기사를 중심으로 한 택시 회사도 있다고 합니다. 여러분도 일본에 가게 된다면 한번 이용해보고 한국 택시와 일본 택시의 차이를 체험해 보는 것은 어떨까요?

08 ケータイで予約できるよ

> **학습목표**
> ★ 열차나 비행기 시간표를 보고 필요한 정보를 묻고 티켓을 예약할 수 있다.
> ★ 티켓을 구입하기 위한 정보를 듣고 이해할 수 있다.

ウォーミングアップ

1 CD를 듣고 다음 ①~④의 사진에 맞는 일본어 표현을 보기 ⓐ~ⓓ 중에서 골라 주세요. `Track 65`

보기
ⓐ 券売機　　　　　　　　ⓑ みどりの窓口
ⓒ 観光案内所　　　　　　ⓓ チェックインカウンター

① (　　)　　② (　　)　　③ (　　)　　④ (　　)

2 다음 ①~④의 문장에 이어질 회화문을 A~D에서 각각 하나씩 골라 주세요.

① すみません、10時からの映画「となりのトトロ」、大人2枚ください。(　　)
② ホテルはどこで予約できますか。(　　)
③ 大阪に5時までに着きたいんですが、何時の新幹線に乗ればいいですか。(　　)
④ あのう、「東京スカイツリープラン」というツアーを予約したいんですが。(　　)

> A 駅の観光案内所で予約できますよ。
> B ありがとうございます。何月何日ご出発をご希望ですか。
> C 3時半発の新幹線が一番早く着きます。
> D はい、3,600円でございます。

`Track 66`
＊CD를 듣고 답을 확인해 주세요.

聞いてみよう 1

1 CDを듣고 각 회화에 맞는 그림을 A~D 중에서 골라 주세요. Track 67

① (　　) ② (　　) ③ (　　) ④ (　　)

A HOTEL.COM — Darak Hotel ★★★★★
- 目的地
- 宿泊日
- チェックイン
- チェックアウト

B 経路 新大阪 → 東京　日時 2014年 6月 10日 (火)

1	09:00 発	11:33 着	￥13,240
2	09:10 発	11:43 着	￥13,240
3	09:20 発	11:53 着	￥13,240
4	09:03 発	12:03 着	￥13,240

C

ホテル発	越後湯沢駅着
08:20	08:50
09:20	09:50
10:20	10:50
11:20	11:50

D 羽田空港 → 福岡空港

航空	出発	到着	料金
AN	06:25	08:05	￥36,000
SY	06:40	08:30	￥16,000
JL	07:30	09:20	￥36,000
SY	07:55	09:45	￥16,000

2 회화를 다시 한 번 듣고, 밑줄 친 부분에 적절한 말을 쓰고, (　) 안에는 올바른 쪽에 ○ 표시를 해 주세요.

① 男の人が予約したのは＿＿＿時＿＿＿分発の(飛行機 / 新幹線)です。

② 女の人は＿＿＿月＿＿＿日から＿＿＿泊で、東京に(出張 / 旅行)の予定です。

③ 女の人は＿＿＿時発の(飛行機 / 新幹線)の切符を買いました。

④ 女の人は＿＿＿時＿＿＿分のバスに乗って(駅 / ホテル)へ行きます。

08 ケータイで予約できるよ

聞いてみよう 2

CDを聞く前に

●● 다음 사진을 보고 각각의 교통수단의 좋은 점과 나쁜 점에 대해서 서로 이야기해 보세요.

☐ ☐ ☐

CDを聞いた後に Track 68

1 여자는 어떻게 오사카까지 가기로 했습니까? 다음 중에서 올바른 것에 체크해 주세요.

A B C

☐ ☐ ☐

2 회화 내용을 바탕으로 다음 표의 빈칸을 채워 주세요.

	時間	料金
	a (　)時間	b (　)円
	c (　)時間半	d (　)円
	e (　)時間	

3 회화를 다시 한 번 듣고, 내용에 맞으면 ○, 맞지 않으면 × 표시를 해 주세요.

① 男の人は夜行バスで大阪へ行ったことがあります。(　)

② 新幹線は狭いし、駅までの移動時間もかかります。(　)

③ 夜行バスには女の人だけが乗ることができるバスがあります。(　)

④ 10時半から大阪で会議があります。(　)

⑤ チケットをもらう窓口では、予約番号が必要です。(　)

ことばと表現

🔖 **티켓 발매에 관한 단어**

切符 표	チケット 티켓	券売所(チケット売り場) 티켓 판매소
時刻表 시간표	旅行社 여행사	みどりの窓口 전철 승차권 발매 창구
乗車券 승차권	搭乗券 탑승권	特急券 특급권
バス 버스	高速バス 고속버스	夜行バス(深夜バス) 심야버스
飛行機 비행기	新幹線 신칸센	自由席 자유석
指定席 지정석	満席 만석	空席 공석, 빈 자리
チェックインカウンター 체크인 카운터		観光案内所 관광안내소
プラン 계획, 구상		予約する 예약하다

🔖 **표현**

何時の新幹線に乗ればいいですか 몇 시 신칸센을 타면 되나요?

～というのを予約したいんですが ~을/를 예약하고 싶은데요

～時～分発の～切符をください ~시 ~분발 ~ 표 주세요

～までのバスを予約したいんですが ~까지 가는 버스 표를 예약하고 싶은데요

～時までに～に着きたいんですが ~시까지 ~에 가려고 하는데요

やってみよう 「券」이 붙는 단어를 모아서 발표해 봅시다.

예) 乗車券、搭乗券

できますか

●● 아래의 그림을 보면서 CD의 질문을 듣고, 올바른 대답을 체크해 주세요. Track 69

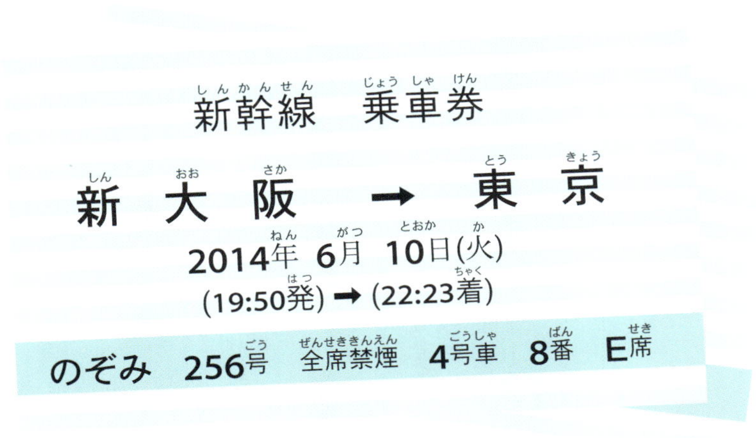

新幹線　乗車券
新大阪　→　東京
2014年 6月 10日(火)
(19:50発) → (22:23着)
のぞみ 256号　全席禁煙　4号車　8番　E席

① A ☐ 19:50   B ☐ 22:23

② A ☐ 4   B ☐ E

08 ケータイで予約できるよ　79

話してみよう

●● 두 사람이 짝이 되어 A와 B로 역할을 나누어 롤플레이를 해 봅시다.

A
당신은 내일 오사카에 출장을 갈 예정입니다. 심야버스의 창구로 가서 출발시간과 도착시간을 확인하고 티켓을 구매하세요.

B
당신은 심야버스 창구에서 일하고 있습니다. 173쪽에 있는 버스시각표를 보고 A씨에게 출발시간과 도착시간을 안내해 티켓을 파세요.

聞いて書いてみよう

●● CD의 질문을 듣고 받아 써 주세요. 그리고 당신의 대답을 써 주세요. Track 70

① Q

　A

② Q

　A

コラム

신칸센

일본에 가면 꼭 한번 타보고 싶은 교통수단이 "신칸센(新幹線_{しんかんせん})"일 것입니다. 신칸센은 1964년에 도쿄 올림픽 개막에 맞춰 도카이도 신칸센(東海道新幹線_{とうかいどうしんかんせん})을 개통한 이래로 50년 정도의 역사를 가지고 있습니다. 현재는 도카이도 신칸센(東海道新幹線_{とうかいどうしんかんせん}), 산요 신칸센(山陽新幹線_{さんようしんかんせん}), 규슈 신칸센(九州新幹線_{きゅうしゅうしんかんせん}), 도호쿠 신칸센(東北新幹線_{とうほくしんかんせん}), 조에쓰 신칸센(上越新幹線_{じょうえつしんかんせん}), 호쿠리쿠 신칸센(北陸新幹線_{ほくりくしんかんせん})이 있고, 2015년에는 홋카이도 신칸센(北海道新幹線_{ほっかいどうしんかんせん})의 개통도 예정되어 있습니다. 신칸센이 생긴지 얼마 안 되어 도쿄와 오사카는 종래의 특급열차의 반 정도 되는 시간인 4~5시간만에 오갈 수 있게 되었습니다. 현재는 도쿄에서 오사카까지 가장 빠른 "노조미(のぞみ)"를 타면 2시간 반 정도면 도착합니다. 빠르고 청결하고, 승차감이 좋은 차내에서 역에서 판매하는 도시락(駅弁_{えきべん})을 먹는 것은 즐거운 일입니다. 외국인은 JR패스(Japan Rail Pass)라고 하는, 전 일본을 철도로 여행할 수 있는 아주 경제적인 티켓을 이용할 수 있고 신칸센도 탈 수 있지만 "노조미(のぞみ)" 등, 일부 이용할 수 없는 신칸센도 있기 때문에 잘 확인하고 타도록 합시다.

09 全部でいくらですか

학습목표
★ 손님 응대에 필요한 기본 표현을 듣고 이해할 수 있다.
★ 점원에게 갖고 싶은 상품에 대한 정보를 전달하고, 지불 방법을 물어서 대금을 지불할 수 있다.

ウォーミングアップ

1 CD를 듣고 다음 ①~④의 그림에 맞는 일본어 표현을 보기 ⓐ~ⓓ에서 골라 주세요. **Track 71**

보기
ⓐ カードは使えますか。　　ⓑ あれを見せてください。
ⓒ これをください。　　　　ⓓ 袋は要りません。

① (　) 　② (　) 　③ (　) 　④ (　)

2 다음 ①~④의 문장에 이어질 회화문을 A~D에서 각각 하나씩 골라 주세요.

① お店の営業時間を教えてください。(　)
② こちらのシャツは5,000円でございます。(　)
③ チョコパンを1つと、あんぱんを2つください。(　)
④ パソコン売り場は何階ですか。(　)

Track 72
＊CD를 듣고 답을 확인해 주세요.

A そうですか……。もう少し安いのはありませんか。
B 4階です。あちらのエスカレーターをご利用ください。
C はい。10時から18時までです。
D はい。全部で280円になります。

聞いてみよう 1

1 CD를 듣고 각 회화에 맞는 그림을 A~D 중에서 골라 주세요. Track 73

① (　　　)　　② (　　　)　　③ (　　　)　　④ (　　　)

A

B

C

D

2 회화를 다시 한 번 듣고, 각 회화 속에서 사용된 표현에 체크해 주세요. 또 그 상품을 산 경우에는 오른쪽 괄호 안에 ○, 사지 않은 경우에는 × 표시를 해 주세요.

① □ これにしよう。　　　　　　□ これ、ください。　　　　　　(　　)

② □ 他のものも見てください。　□ 他のものも見せてください。(　　)

③ □ Tシャツはいいです。　　　□ Tシャツがいいです。　　　　(　　)

④ □ 10,000円以下なら買うのになぁ。 □ 10,000円以下なので買います。(　　)

09 全部でいくらですか

聞いてみよう 2

CDを聞く前に

●● 점원이 사용하는 말이라고 생각되는 것을 골라 보세요. 그 다음, CD를 듣고 체크한 답이 맞는지 확인해 보세요.

① □ ……はいかがでしょうか。
② □ お支払いは……。
③ □ いくらですか。
④ □ どうも。
⑤ □ いらっしゃいませ。
⑥ □ はい、かしこまりました。
⑦ □ ……を探しているんですが。

CDを聞いた後に Track 74

1 남자가 쇼핑을 한 매장은 다음 중 어디인지 체크해 주세요.

A    B    C

2 다음의 그림을 회화에 나오는 순서에 맞게 나열해 주세요.

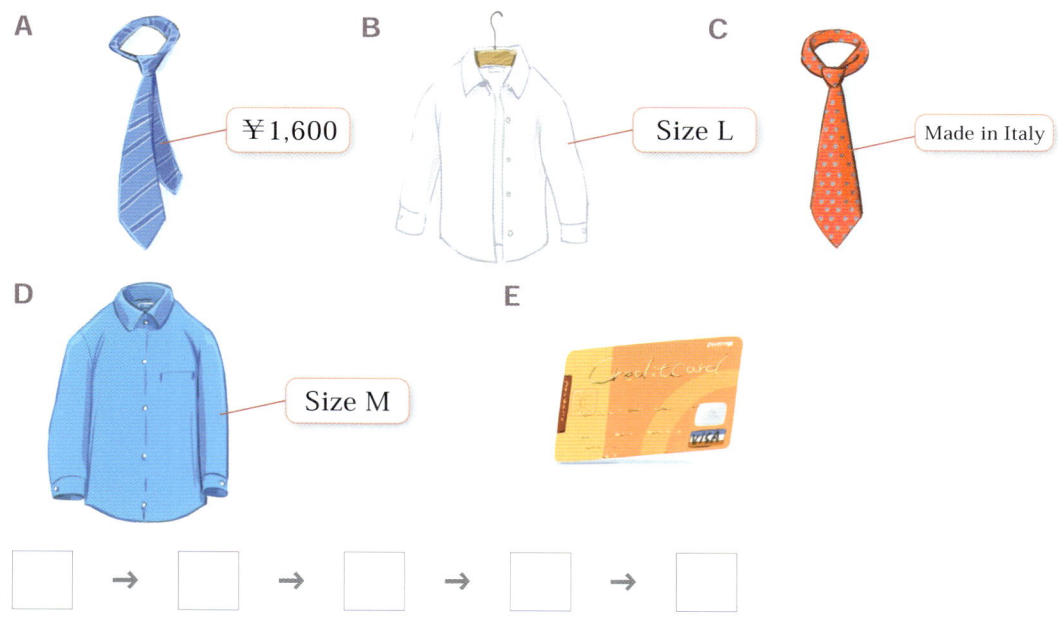

☐ → ☐ → ☐ → ☐ → ☐

3 회화를 다시 한 번 듣고, 밑줄 친 부분에는 적절한 말을 쓰고, ( ) 안에는 맞는 쪽에 ○ 표시를 해 주세요.

① 男の人が行った売り場は_____階です。

② 青いシャツは（Mサイズ / Lサイズ）しかありません。

③ 男の人は_____円のネクタイと_____円のシャツを買いました。

④ 買い物の袋を（もらいました / もらいませんでした）。

ことばと表現

- 접객 표현

  いらっしゃいませ 어서 오세요

  かしこまりました 알겠습니다

  こちらは～でございます 이 쪽은 ~입니다

  ～円(えん)でございます(～円(えん)になります 라고도 많이 사용함**)** ~엔입니다

  ～はいかがでしょうか ~은 어떠신가요?

  お支払(しはら)いはいかがなさいますか 결제는 어떻게 하시겠습니까?

- 쇼핑에 관한 단어

買(か)い物(もの) 쇼핑, 장 보기	**ショッピング** 쇼핑	**レジ** 계산대
開店(かいてん) 개점	**閉店(へいてん)** 폐점	**営業(えいぎょう)** 영업
買(か)い物袋(ものぶくろ) 쇼핑백	**～売(う)り場(ば)** ~ 판매장	**～階(かい)** ~층
割引(わりびき) 할인	**半額(はんがく)** 반액, 반값	**セール** 염가 판매
Sサイズ 스몰 사이즈	**Mサイズ** 미디움 사이즈	**Lサイズ** 라지 사이즈
バーゲン 염가 대매출		**(クレジット)カード** (신용)카드
エスカレーター 에스컬레이터		**エレベーター** 엘리베이터

- 칭찬하는 단어

おしゃれだ 멋스럽다	**似合(にあ)う** 어울리다	**素敵(すてき)だ** 멋지다
かわいい 귀엽다	**きれいだ** 예쁘다	**いい** 좋다

- 표현

  ～を見(み)せてください ~을/를 보여 주세요

  いくらですか(おいくらですか) 얼마입니까?

  ご/お～になります(예：お使(つか)いになります) ~하십니다 (예: 사용하십니다)

  ご/お～ください(예：ご利用(りよう)ください) ~해 주세요 (예: 이용해 주세요)

できますか

●● 아래의 그림을 보면서 CD의 질문을 듣고, 올바른 답을 체크해 주세요. Track 75

OPEN 10:00~19:00
SALE 50% OFF 7/8～7/20

￥4,500

￥1,900

￥3,000

￥3,200

￥2,100

￥2,800

① A ☐ 4,500円   B ☐ 3,200円
  C ☐ 2,800円   D ☐ 1,900円

② A ☐ 10時   B ☐ 19時
  C ☐ 7月8日   D ☐ 7月20日

やってみよう
다음 중 다른 세 단어와 성격이 다른 것을 하나 고르세요. 그리고 그 이유도 생각해 보세요.

① すてき   ② おしゃれ
③ きれい   ④ かわいい

09 全部でいくらですか

話してみよう

●● 두 사람이 짝이 되어 A와 B로 역할을 나누어 회화를 해 보세요.

A
백화점에 갔습니다. 의류 매장에서 T셔츠를 고르고 있습니다. 점원에게 가격을 묻고, 그 상품을 살지 말지 말해 주세요.

B
당신은 백화점 의류 매장의 점원입니다. 손님에게 어울리는 T셔츠를 권하거나 가격을 알려 주세요. (173쪽 참고)

聞いて書いてみよう

●● CD의 질문을 듣고 받아 써 주세요. 그리고 당신의 대답을 써 주세요. Track 76

① Q
　A

② Q
　A

コラム

에코백

일본에서는 수 년 전부터 지구환경을 지키기 위해 계산대의 플라스틱 봉투를 줄이려고 하는 움직임이 일고 있습니다. 편의점이나 백화점 등에서는 현재도 여전히 계산대에서 나눠주는 일회용 봉투를 많이 사용하고 있지만, 대형 슈퍼마켓 등에서는 봉투를 이용하려면 3엔~5엔을 지불해야 하는 가게가 일반적이 되었습니다. 쇼핑하는 손님의 의식도 높아져서 "에코백(エコバッグ)"이라 불리는, 접을 수 있는 쇼핑 봉투를 지참하는 쇼핑객도 늘어나고 있습니다. 잡화점에서는 화려하고 기능적인 에코백이 눈길을 끌며 많이 판매되고 있습니다. 이와 함께 재평가되고 있는 것이 일본 전통의 "보자기(風呂敷)"입니다. 보자기는 한 장의 천으로 크기나 모양은 다양합니다. 예부터 다양한 것을 싸서 가지고 외출할 때 사용되었는데, 요즘에는 이 보자기를 에코백과 같이 활용하는 사람도 있습니다.

10 ご注文をどうぞ

> **학습목표**
> ★ 음식점에서 점원의 말을 이해하고, 원하는 메뉴를 필요한 수 만큼 주문할 수 있다.
> ★ 주문한 음식의 지불 방법에 대한 이야기를 주고 받을 수 있다.

ウォーミングアップ

1 CD를 듣고 다음 ①~④의 그림에 맞는 일본어 표현을 보기 ⓐ~ⓓ에서 골라 주세요. Track 77

> 보기
> ⓐ 注文　　　　　ⓑ 割り勘
> ⓒ お持ち帰り　　ⓓ お替り

① (　)　② (　)　③ (　)　④ (　)

2 다음 ①~④의 문장에 이어질 회화문을 A~D에서 각각 하나씩 골라 주세요.

① ご注文は、お決まりでしょうか。(　)
② (メニューを見ながら)何にする？(　)
③ コーヒーのお替りはいかがですか。(　)
④ 今日は割り勘にしましょう。(　)

Track 78
＊CD를 듣고 답을 확인해 주세요.

> A うーん、私はチーズバーガーセットにする。
> B あ、もう結構です。どうも。
> C いえいえ、今日は私がごちそうしますよ。
> D はい。ラーメンを1つと、焼きそばを2つください。

聞いてみよう 1

1 CD를 듣고 각 회화에 맞는 그림을 A〜D 중에서 골라 주세요. Track 79

① (　　　)　　② (　　　)　　③ (　　　)　　④ (　　　)

A

B

C

D

2 회화를 다시 한 번 듣고, 올바른 쪽에 체크해 주세요.

① □ 男の人はパスタを注文します。
　 □ 男の人はピザを注文します。

② □ 男の人は、ピザ2枚とサラダを持ち帰ります。
　 □ 男の人は、ピザ2枚とサラダを店で食べます。

③ □ 男の人は、二人分を一緒に払います。
　 □ 男の人は、自分の分だけ払います。

④ □ 男の人は、水を2つ店員に頼みました。
　 □ 男の人は、ビールを店員に頼みました。

聞いてみよう 2

CDを聞く前に

●● 다음 중 햄버거 가게에서 점원이 하는 말이라고 생각되는 것을 골라 체크해 주세요.
그 다음, CD를 듣고 정답을 확인해 주세요.

①
☐ こちらでお召し上がりですか。
☐ こちらで食べますか。

②
☐ お飲み物は、いかがなさいますか。
☐ 飲み物は、どうしますか。

③
☐ もう一度注文を言います。
☐ ご注文を繰り返します。

④
☐ 注文してください。
☐ ご注文をどうぞ。

CDを聞いた後に Track 80

1 남자가 주문한 내용을 아래 그림에서 골라 주세요.

```
女性の注文
バーガーは ①＿＿＿＿＿＿、
飲み物は ②＿＿＿＿＿＿、
そして ③＿＿＿＿＿＿をつける。
```

```
男性の注文
バーガーは ④＿＿＿＿＿＿、
飲み物は ⑤＿＿＿＿＿＿、
そして ⑥＿＿＿＿＿＿をつける。
```

A 照り焼きバーガー
B ビックバーガー
C サラダ
D コーラ
E オレンジジュース
F ウーロン茶
G ナゲット
H フライドポテト

2 회화를 다시 한 번 듣고, 내용에 맞으면 〇, 맞지 않으면 × 표시를 해 주세요.

① 男の人は、女の人と一緒にお店へ行きました。(　)

② 男の人は、ハンバーガーを店で食べます。(　)

③ 男の人の分のセット料金は、550円です。(　)

④ 注文したハンバーガーは全部で1,170円です。(　)

10 ご注文をどうぞ

ことばと表現

📎 음식점에서 점원이 사용하는 표현

ご注文をどうぞ 주문하시겠습니까?
ご注文はお決まりですか 주문은 정하셨습니까?
お飲み物はいかがなさいますか 음료는 어떻게 하시겠습니까?
こちらでお召し上がりですか 드시고 가십니까?
お持ち帰りですか 가지고 가십니까?
ご注文を繰り返します 주문 확인해 드리겠습니다.
～でよろしいでしょうか（～でよろしかったですか。）～로 괜찮으십니까?
お会計はご一緒でよろしいですか 같이 계산해 드릴까요?
お会計は別々になさいますか 따로 계산해 드릴까요?

📎 음식을 주문할 때 사용하는 표현

すみません (점원을 부를 때) 여기요
～を1つ（2つ、3つ……）ください ~을/를 하나 (두 개, 세 개……) 주세요
～をお願いします ~을/를 주세요

やってみよう 다음 중 앞에 오는 말이 다른 셋과 다른 것은 무엇입니까? 그리고 그 이유는 무엇입니까?

① いたいです　　　　　② すきました
③ かわきました　　　　④ いっぱいです

できますか

●● 아래의 메뉴를 보면서 CD의 질문을 듣고, 올바른 답을 체크해 주세요. Track 81

① A □ はい、あります。　　B □ いいえ、ありません。

② A □ カツ丼　　　　　　　B □ 肉うどん

話してみよう

●● 당신은 친구와 햄버거 가게에 왔습니다. 당신은 무엇을 주문하겠습니까? 친구와 짝을 이뤄 손님과 점원이 되어 예와 같이 대화를 해 봅시다.

예
A いらっしゃいませ。ご注文はお決まりでしょうか。
B はい、ええと、(　　　　)をください。

聞いて書いてみよう

●● CD의 질문을 듣고 받아 써 주세요. 그리고 당신의 답을 써 주세요. Track 82

① Q
　A

② Q
　A

コラム

각자 부담 문화

일본에 온 한국인들이 놀라는 것에 "각자 부담(割り勘)"하는 습관이 있습니다. 학생끼리나 특히, 비슷한 연령인 사람끼리 함께 외식을 할 때에는 계산을 각자 하는 경우가 많습니다. 때로는 1엔 단위까지 각자 부담하는 경우도 있기 때문에, 그런 문화를 접하지 않은 외국인이 보면 부정적인 의미로 너무나 계산적이다 라는 인상을 받을 수 있을 것입니다. 일본에서는 한 사람 한 사람이 자신의 몫을 지불함으로써, 상대에게 부담을 지우지 않고 마음 편히 식사에 참가하고자 하는 경향이 있습니다. 레스토랑이나 커피숍 등의 음식점에서는 계산할 때에 같이 할지, 각자 할지를 점원이 묻거나 이쪽에서 어떻게 계산할 것인지를 전하는 경우가 일반적입니다. 데이트를 할 때에는 남성이 지불하는 경우가 많지만, 대학생끼리의 경우는 더치페이를 하는 경우도 드물지 않습니다. 그러나 상사나 나이가 위인 사람과 함께 식사를 할 경우에는, 나이가 어린 쪽이 대접 받는 경우가 많습니다. 그런 경우에는 다음 번에 만났을 때에 "지난번엔 잘 먹었습니다." 또는 "지난번은 고마웠습니다." 라고 다시 한 번 감사의 인사를 하는 것이 예의 바른 행동이라고 할 수 있습니다.

11 近くに水族館があります

학습목표
★ 자신이 살고 있는 지역의 시설의 유무나 이용 시간에 대한 정보를 듣고 이해할 수 있다.
★ 지역의 유명한 장소에 대해서 말하거나 듣고 이해할 수 있다.

ウォーミングアップ

1 CD를 듣고 다음 ①~④의 그림에 맞는 일본어 표현을 보기 ⓐ~ⓓ에서 골라 주세요. Track 83

보기
ⓐ 博物館　　ⓑ 美術館
ⓒ 寺　　　　ⓓ 水族館

① (　)　② (　)　③ (　)　④ (　)

2 다음 ①~④의 문장에 이어질 회화문을 A~D에서 각각 하나씩 골라 주세요.

① この近くにどこか見るところはありますか。(　)
② あのう、利用の登録をしたいんですが。(　)
③ 博物館の閉館は何時ですか。(　)
④ 韓国語のパンフレットがほしいんですが、ありますか。(　)

A この用紙にお名前とご住所をお書きください。
B はい、ございます。どうぞ、こちらをお持ちください。
C 車で5分のところに水族館があります。
D 午後6時です。

Track 84
＊CD를 듣고 답을 확인해 주세요.

聞いてみよう 1

1 CD를 듣고 각 회화에 맞는 그림을 A~D 중에서 골라 주세요. Track 85

① (　　　)　　② (　　　)　　③ (　　　)　　④ (　　　)

A

B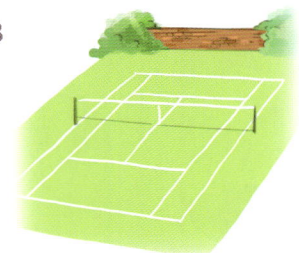

C

D

2 회화를 다시 한 번 듣고, 올바른 쪽에 체크해 주세요.

① □ 今週の土曜日、2時間借ります。
　 □ 来週の土曜日、2時間借ります。

② □ 開館時間は午後7時までです。
　 □ 開館時間は午後5時までです。

③ □ 女の人は自転車で行きたいと思っています。
　 □ 女の人は車で行きたいと思っています。

④ □ 英語版を2部と韓国語版を2部もらいます。
　 □ 英語版を2部と韓国語版を1部もらいます。

11 近くに水族館があります

聞いてみよう 2

CDを聞く前に

당신이 외국인 친구에게 안내하고 싶은 한국의 명소와 당신이 가보고 싶은 일본의 명소는 어디인지 이야기해 보세요.

CDを聞いた後に Track 86

1 회화를 듣고 두 사람이 지금 있는 장소를 다음 중에서 골라 체크해 주세요.

A

□ 金閣寺(きんかくじ)

B

□ 厳島神社(いつくしまじんじゃ)

C

□ 中尊寺(ちゅうそんじ)

D

□ 伊勢神宮(いせじんぐう)

2 이 건물이 세워진 시기와 만든 사람을 다음 중에서 골라 선을 연결해 주세요.

만들어진 시기

① 約450年前 ・

② 約1000年前 ・

③ 約1400年前 ・

④ 約1600年前 ・

만든 사람

・A 平清盛

・B 織田信長

・C 徳川家康

・D 足利義満

3 다시 한 번 회화를 듣고, 내용에 맞으면 ○, 맞지 않으면 × 표시를 해 주세요.

① 朴さんは、初めてここに来ました。（　）
② 2人は日本語版と韓国語版のパンフレットをもらいました。（　）
③ 水族館は、午後5時までです。（　）
④ 美術館は、午後6時までに入らなければなりません。（　）
⑤ 今の時間は午後4時を過ぎています。（　）

ことばと表現

공공시설

博物館 박물관	美術館 미술관	記念館 기념관	科学館 과학관
水族館 수족관	図書館 도서관	映画館 영화관	公園 공원
遊園地 유원지	神社 신사	寺 절	教会 교회
競技場 ぎ기장	体育館 체육관	公民館 공민관 (구민회관)	
市役所 시청	区役所 구청	県庁 현청	
観光案内所 관광안내소		入国管理局 입국관리국	
ミュージアム 박물관, 전시관		スタジアム 스타디움, 경기장	

表現

~を予約したいんですが ~을 예약하고 싶은데요

~語版のパンフレットはありますか ~어판 팜플렛이 있나요?

~部ください ~부 주세요

開館 / 閉館は何時ですか 개관 / 폐관 시간은 몇 시 입니까?

~は何時から / 何時までですか ~은 몇 시 부터 / 몇 시까지 입니까?

やってみよう 당신이 연인과 데이트를 한다면 어디에 가고 싶습니까? 가고 싶은 장소의 순위를 매겨 보세요.

① 博物館　② 美術館　③ 寺　④ 水族館　⑤ 図書館
⑥ 遊園地　⑦ 公園　⑧ 競技場　⑨ 体育館　⑩ 映画館

できますか

●● 아래의 공지를 보면서 CD의 질문을 듣고, 올바른 답을 체크해 주세요. Track 87

韓国まつり

日時: 9月3日（木）～8日（火）10時～18時

場所: センタービル7階

韓国の映画を見たり、踊りを見たりすることができます。キムチ、チヂミ、お茶、ビビンパ、冷麺などをその場で楽しむこともできます！

① A ☐ 10時～18時   B ☐ 9月3日～9月8日

② A ☐ 踊り   B ☐ 冷麺

話してみよう

●● 당신이 살고 있는 지역의 유명한 시설이나 관광명소에 대해서 이야기해 주세요.

> 예
> いつごろできましたか。
> 誰が作りましたか。
> 何時から何時までですか。
> どんな時に行きますか。
> どんな人におすすめですか。

聞いて書いてみよう

●● CD의 질문을 듣고 받아 써 주세요. 그리고 당신의 답을 써 주세요.

① Q
　 A

② Q
　 A

コラム

미타카의 숲 지브리미술관

세계적으로 인기있는 일본 애니메이션이라고 하면 "스튜디오 지브리"의 작품을 떠올리는 사람이 많을 것입니다. "미타카의 숲 지브리미술관(三鷹の森ジブリ美術館)"은 스튜디오 지브리의 수장인 미야자키 하야오가 직접 디자인하여 2001년 9월에 개관한 곳으로, 스튜디오 지브리의 작품 세계를 그대로 구현한 소품들과 장식으로 채워져 있습니다. 지브리 애니메이션과 더불어 큰 인기를 끌게 된 지브리미술관은 사전에 관람 날짜를 지정하는 예약제로 운영되고 있습니다. 티켓은 편의점 "로손"에서만 판매하고 입장 시간은 10시, 12시, 14시, 16시로 하루 4회로 제한하고 있습니다. 지브리미술관에서 특별히 추천하는 곳은 지하 1층에 있는 영상전시실인 "도세이좌(土星座)"입니다. 이곳은 80명 정도가 들어가는 작은 영화관으로 이곳에서만 볼 수 있는 스튜디오 지브리의 오리지날 단편 애니메이션을 즐길 수 있습니다. 전시와 애니메이션을 즐긴 후에는 관내의 카페에서 판타지의 여운을 느끼며 차를 마시거나 식사를 하면서 여유 있게 시간을 보내는 것도 좋겠죠. 애니메이션을 좋아하는 사람은 물론, 그렇지 않은 사람도 도쿄를 여행할 때에 꼭 방문해 볼 만한 미술관입니다.

12 日本語がお上手ですね

> ★ 자신이 배우고 있는 외국어에 대해서 이야기 할 수 있다.
> ★ 어떤 언어를 배우고 있는지, 어디에서 배우고 있는지 질문하고 대답할 수 있다.

ウォーミングアップ

1 CD를 듣고 다음 ①~④의 그림에 맞는 일본어 표현을 보기 ⓐ~ⓓ에서 골라 주세요. Track 89

보기
ⓐ 独学 （どくがく）
ⓑ 英会話教室 （えいかいわきょうしつ）
ⓒ Eラーニング
ⓓ プライベートレッスン

① (　)　② (　)　③ (　)　④ (　)

2 다음 ①~④의 문장에 이어질 회화문을 A~D에서 각각 하나씩 골라 주세요.

① どこで日本語を習ったんですか。(　)
② 日本語、本当にお上手ですね。(　)
③ この漢字の読み方を教えていただけませんか。(　)
④ イギリスに留学するために、英会話教室に通っています。(　)

A　実は、独学なんです。近くに学校がなくて。
B　ありがとうございます。でも、まだまだです。
C　キムさんは勉強熱心ですね。頑張ってください。
D　はい、これは「しょうゆ」ですよ。

Track 90
＊ CD를 듣고 답을 확인해 주세요.

聞いてみよう 1

1 CD를 듣고 여자가 지금 공부하고 있는 외국어를 각각 골라 주세요. Track 91

① (　　　)　　② (　　　)　　③ (　　　)　　④ (　　　)

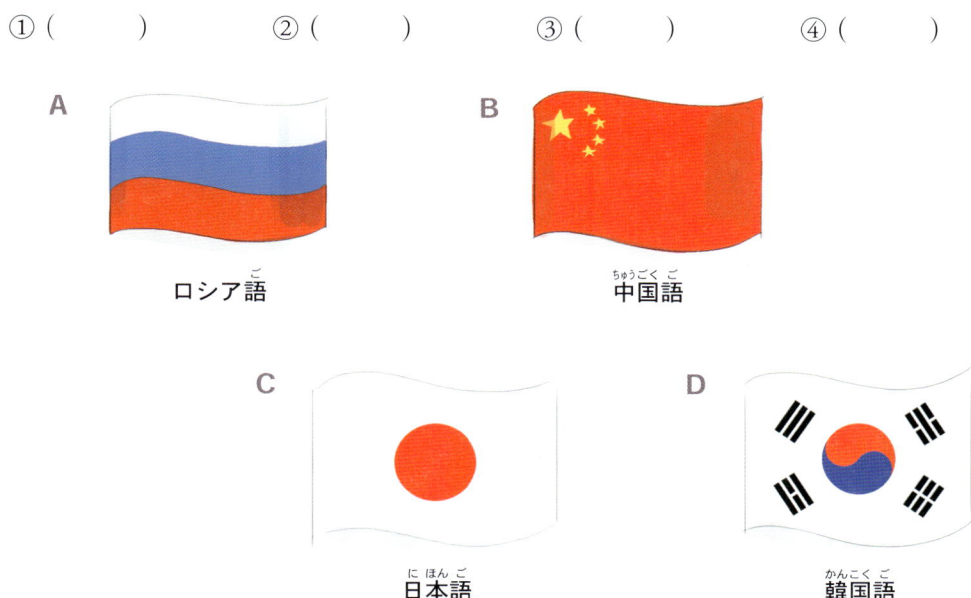

2 회화를 다시 한 번 듣고, 여자에 대한 설명으로 올바른 쪽에 체크해 주세요.

① □ 大学の授業で勉強を始めました。
　 □ 来月、出張するので勉強を始めました。

② □ 英語の音楽に興味があって勉強をしています。
　 □ 高校の時の教科書を使って一人で勉強しています。

③ □ 「しろうと」の意味がわかりませんでした。
　 □ 「しろうと」の読み方がわかりませんでした。

④ □ お店の人に勉強を教えてもらっています。
　 □ 一緒に勉強したい人と勉強しています。

12 日本語がお上手ですね

聞いてみよう 2

CDを聞く前に

●● 당신이 일본어를 공부하기 시작한 계기는 무엇입니까? 이야기해 주세요.

☐ 韓国語に似ていて易しそうだから
☐ アニメや音楽などの文化に興味があったから
☐ 仕事で必要だから
☐ 旅行の時、便利そうだから
☐ 専門の勉強に必要だから
☐ 面白そうだから
☐ その他（　　　　　　　　　　　　）

CDを聞いた後に Track 92

1 다음 중 남자가 한국어를 공부하기 시작한 이유는 무엇입니까? 체크해 주세요.

① ☐ 日本語に似ていて易しそうだから
② ☐ ドラマや音楽などの文化に興味があったから
③ ☐ 仕事で必要だから
④ ☐ 旅行の時、便利そうだから
⑤ ☐ 専門の勉強に必要だから
⑥ ☐ 面白そうだから

2 남자는 한국어는 어떤 언어라고 생각하고 있습니까? 해당하는 것을 모두 체크해 주세요.

① □ 中国語よりも易しい
② □ 英語よりも易しい
③ □ 文法や単語が日本語と似ている
④ □ 文法がとても難しい
⑤ □ 中国語の漢字より簡単だ
⑥ □ 漢字の勉強から始めたら面白い
⑦ □ 発音の勉強が面白い

3 회화를 다시 한 번 듣고, 내용에 맞으면 ○, 맞지 않으면 × 표시를 해 주세요.

① 男の人は韓国語の勉強を5年前に始めました。(   )
② 男の人の奥さんは韓国のドラマが大好きです。(   )
③ 男の人の奥さんは韓国に留学したいと言っていました。(   )
④ 女の人はハングルを読むことができます。(   )
⑤ 駅の近くの学校は、先生がいいし、授業料も安いです。(   )

ことばと表現

📎 외국어

英語 영어	日本語 일본어	中国語 중국어
タイ語 태국어	ロシア語 러시아어	ドイツ語 독일어
イタリア語 이탈리아어	フランス語 프랑스어	スペイン語 스페인어
ベトナム語 베트남어	アラビア語 아랍어	インドネシア語 인도네시아어

📎 학습 방법

独学 독학	授業 수업	会話教室 회화 교실
家庭教師 가정교사	Eラーニング 이러닝	ラジオ講座 라디오 강좌
留学 유학	ホームステイ 홈 스테이	ワーキングホリデー 워킹 홀리데이
プライベートレッスン 개인 레슨		セミプライベートレッスン 소그룹 레슨

📎 표현

(学習方法・学習機関)で勉強しています (학습 방법·학습 기관) ~으로/에서 공부하고 있습니다

~語がお上手ですね ~어를 잘 하시네요

いいえ、まだまだです 아니요, 아직 멀었습니다

どうして~語の勉強を始めたんですか 왜 ~어 공부를 시작했나요?

どこで~語を勉強しているんですか 어디서 ~어를 공부하고 있습니까?

この漢字の読み方を教えていただけませんか 이 한자의 읽는 법을 알려 주시겠습니까?

やってみよう 「가장 외국어 실력이 향상되는 학습 방법」「돈이 들지 않는 학습 방법」「가장 즐거운 학습 방법」
「가장 힘든 학습 방법」을 다음 보기에서 각각 하나씩 골라 발표해 보세요.

① Eラーニング　② スタディーグループ　③ プライベートレッスン　④ 独学
⑤ ホームステイ　⑥ 語学教室(学院)　⑦ ワーキングホリデー　⑧ 留学

できますか

●● 아래의 광고를 보면서 CD의 질문을 듣고, 올바른 답을 체크해 주세요.. Track 93

セミプライベートレッスン
(英語・中国語・韓国語)
全12回　30,000円〜 (2名以上)

プライベートレッスン
(英語・中国語・韓国語)
全12回　48,000円〜

① A □ はい、できます。　　B □ いいえ、できません。

② A □ 30,000円〜　　　　　B □ 48,000円〜

話してみよう

●● 당신을 미소 짓게 하는 한국어는 무엇인가요? 그 말을 일본어로 어떻게 표현하는지 조사해서 이야기해 브세요.

〈참고〉
'스미모토생명'이라는 회사가 일본에서 2010년에 3,095명을 대상으로 "당신을 미소 짓게 하는 말은 무엇입니까?" 라는 앙케트를 실시했습니다. 아래는 그 결과입니다.

1위　ありがとう　(48.4%)
2위　大好き (9%)
3위　愛してる (2.5%)
4위　がんばっている (2.3%)
5위　かわいい (1.8%)

聞いて書いてみよう

●● CD의 질문을 듣고 받아 써 주세요. 그리고 당신의 대답을 써 주세요. Track 94

① Q _____
　 A _____

② Q _____
　 A _____

コラム

한국어와 일본어의 한자어

한국어와 일본어는 모두 중국의 한자에서 많은 영향을 받으면서 발달해 온 언어이기 때문에, 한자에서 유래된 말을 많이 공유하고 있습니다. 그러한 말 중에는 발음도 비슷한 것이 많이 있습니다. 예를 들어, 일본어의 "薬"은 훈독에서는 "くすり"이지만 음독에서는 "やく"가 되는데 이것은 한국어의 발음과 매우 비슷합니다. 이러한 말에 대한 지식은 일본인이 한국어를 배울 때, 또는 한국인이 일본어를 배울 때 잘 이용하면 말을 파생시켜 배움으로써 외우기가 훨씬 쉽겠죠. 그러나 한국어에는 일본어에서는 사용하지 않는 한자어도 있습니다. 예를 들어, 한국어에서는 남편(男便)이라고 표현하지만, 일본어에서는 이와 같이 표현하지 않고 남편을 夫(おっと)라고 합니다. 또, 같은 한자로 이루어진 단어라도 일본어와 한국어에서 전혀 의미가 다른 단어도 있습니다. (예: 愛人(あいじん), 工夫(くふう), 物件(ぶっけん), 八方美人(はっぽうびじん) 등) 이런 차이를 아는 것도 외국어 학습의 재미가 아닐까요.

13 ちょっと気分が悪いんです

> **학습목표**
> ★ 몸 상태에 대해서 말하거나 듣고 이해할 수 있다.
> ★ 건강을 위해서 하고 있는 것에 대해서 이야기하거나 듣고 이해할 수 있다.

ウォーミングアップ

1 CD를 듣고 다음 ①~④의 그림에 맞는 일본어 표현을 보기 ⓐ~ⓓ에서 골라 주세요. Track 95

ⓐ 頭痛がする　　　ⓑ のどが痛い
ⓒ せきが出る　　　ⓓ 鼻水が出る

① ( )　　② ( )　　③ ( )　　④ ( )

2 다음 ①~④의 문장에 이어질 회화문을 A~D에서 각각 하나씩 골라 주세요.

① 熱は何度ありますか。( )
② ちょっと気分が悪いんです。( )
③ 保険証を出してください。( )
④ 病院へ行くので、早退させていただけませんか。( )

> A 38度あります。
> B いいですよ。お大事に。
> C 大丈夫ですか。そこのソファーに横になった方がいいですよ。
> D すみません。今日持ってくるのを忘れました。
>
> Track 96
> ＊CD를 듣고 답을 확인해 주세요.

聞いてみよう 1

1 CD를 듣고 각 회화에 맞는 그림을 A~D 중에서 골라 주세요. Track 97

① (　　　)　　② (　　　)　　③ (　　　)　　④ (　　　)

A

B

C

D

2 회화를 다시 한 번 듣고, 올바른 쪽에 체크해 주세요.

① ☐ 男の人は保険証を持って来るのを忘れました。
　☐ 男の人は来週の火曜日に病院へ来ます。

② ☐ 男の人は、女の人に薬をもらいました。
　☐ 男の人は、疲れていますから、出張へ行きません。

③ ☐ 女の人は、お腹がいたくて病院へ来ました。
　☐ 女の人は、風邪をひいて病院へ来ました。

④ ☐ 女の人は、毎日ジョギングをしています。
　☐ 女の人は、風邪をひいたことがありません。

聞いてみよう 2

CDを聞く前に

●● 당신이 건강을 위해 주의하고 있는 것은 무엇입니까? 해당하는 것에 체크해 주세요.

☐ 朝ごはんを毎日食べる　　☐ 野菜をたくさん食べる　　☐ 運動をする

☐ よく寝る　　☐ お酒を飲まない　　☐ たばこを吸わない

☐ その他　（　　　　　　　　　　　　　　　　）

CDを聞いた後に　Track 98

1　남자가 건강을 위해서 주의하고 있는 것은 무엇입니까? 해당하는 것에 모두 체크해 주세요.

① ☐ 朝ごはんを毎日食べる
② ☐ 野菜をたくさん食べる
③ ☐ 運動をする
④ ☐ よく寝るようにする
⑤ ☐ お酒を飲まない
⑥ ☐ たばこを吸わない

2 남자가 건강진단을 받는데 걱정하고 있는 것은 무엇입니까? 해당하는 것에 모두 체크해 주세요.

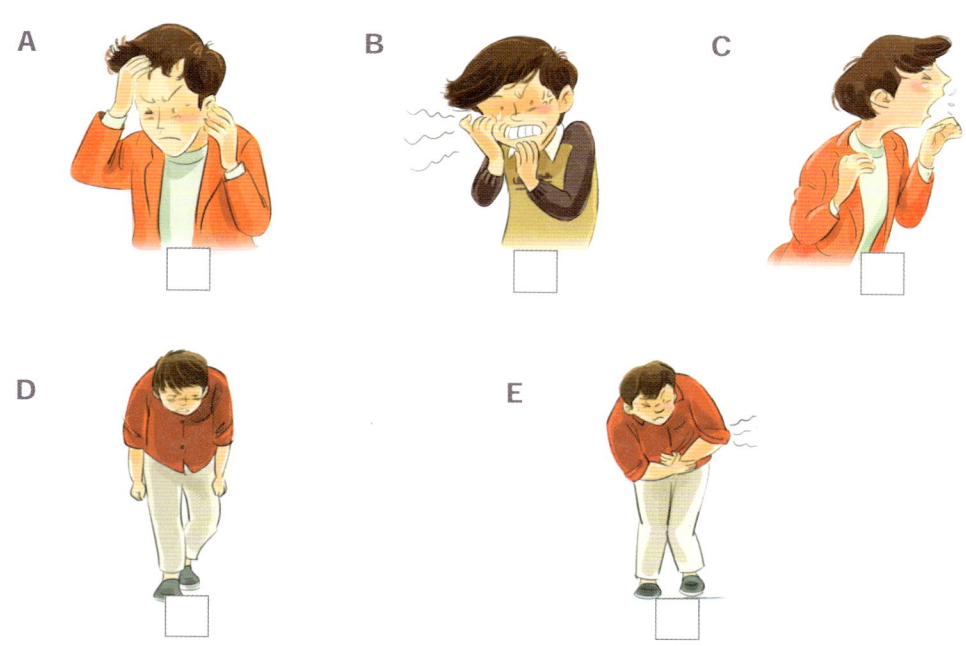

3 회화를 다시 한 번 듣고, 내용에 맞으면 ○, 맞지 않으면 × 표시를 해 주세요.

① 男の人は、仕事のストレスで寝られません。(　)

② 男の人は、運動をしてストレスがなくなりました。(　)

③ 女の人は、毎日たくさん歩くようにしています。(　)

④ 女の人は、最近、お酒を飲むのをやめました。(　)

⑤ 女の人は、野菜をたくさん食べて、よく寝ています。(　)

ことばと表現

🔖 몸의 증상을 나타내는 표현

(のど・頭・歯など)が痛い (목・머리・치아 등이) 아프다

鼻水が出る 콧물이 나오다	**頭痛がする** 두통이 나다	**熱がある** 열이 나다
疲れている 지쳐 있다, 피곤하다	**気分が悪い** 속이 좋지 않다	**吐き気がする** 구토가 나다
寒気がする 한기가 든다	**めまいがする** 현기증이 난다	**せきが出る** 기침을 하다
体重が増える 체중이 늘다	**太る** 살이 찌다	**体重が減る** 체중이 줄다
痩せる 살이 빠지다, 마르다	**ストレスがある(たまる)** 스트레스가 있다 (쌓이다)	
顔色が悪い 안색이 좋지 않다	**調子が悪い / 具合が悪い** 컨디션이 나쁘다	

🔖 병원에 관한 단어

健康診断 건강검진	**問診票** 문진표	**体温計** 체온계	**診断書** 진단서
診察券 진찰권	**保険証** 보험증	**注射** 주사	**レントゲン** X선 검사
血液検査 혈액검사	**薬** 약	**風邪薬** 감기약	**痛み止め** 진통제

🔖 표현

〜に横になる 〜에 눕다

顔色がいい 안색이 좋다

顔色がよくない(悪い) 안색이 좋지 않다 (나쁘다)

健康診断を受ける 건강검진을 받다

お大事に 몸조리 잘 하세요

やってみよう 다음 중 다른 세 단어와 성격이 다른 것을 하나 고르세요. 그리고 그 이유도 생각해 보세요.

① 頭　　　　　　② のど

③ せき　　　　　④ 歯

できますか

●● 아래의 병원 진료 안내문을 보면서 CD의 질문을 듣고, 올바른 답을 체크해 주세요.　Track 99

あんない

診療時間（しんりょうじかん）	月（げつ）	火（か）	水（すい）	木（もく）	金（きん）	土（ど）	日（にち）
9:00~12:00	○	○	○	○	○	○	/
15:30~18:00	○	/	○	/	○	/	/

休診日（きゅうしんび）： 火・木・土の午後、日・祝日（か・もく・ど の ごご、にち・しゅくじつ）

① A ☐ はい、休（やす）みです。　　B ☐ いいえ、休（やす）みじゃありません。

② A ☐ AM 12:00　　B ☐ PM 6:00

13 ちょっと気分が悪いんです

話してみよう

●● 두 사람이 짝이 되어 의사와 환자의 역을 맡아, 아래 문진표에 있는 항목을 서로 물어 보세요.

問診表(もんしんひょう)

1. たばこを吸(す)いますか。	はい / いいえ
2. お酒(さけ)はどれぐらい飲(の)みますか。	一日(いちにち) / 一週間(いっしゅうかん)に(　)くらい
3. 一日(いちにち)どれくらい歩(ある)きますか。	一日(いちにち)に(　)くらい
4. この1年間(ねんかん)で体重(たいじゅう)が3キログラム以上(いじょう)増(ふ)えましたか。	はい / いいえ

聞いて書いてみよう

●● CD의 질문을 듣고 받아 써 주세요. 그리고 당신의 대답을 써 주세요. Track 100

① Q
　A

② Q
　A

コラム

병문안과 꽃

병원에 입원 중인 사람을 병문안 갈 때 많이 가지고 가는 것이 꽃입니다. 병문안 갈 때 가져가는 꽃은 색이나 향기가 강한 꽃이나 큰 꽃다발은 피하고, 옅은 색에 향기가 약한 것을 고르는 것이 좋다고 합니다. 또, 일본에서는 몇 가지 금기시 되고 있는 꽃이 있기 때문에 주의가 필요합니다. 먼저, "화분에 심겨진 식물"입니다. 이것은 "根づく(뿌리 내리다)"라는 말이 "寝つく(병으로 몸져눕다)"라는 표현과 통해서, 병이 오래 끄는 것을 연상시키기 때문에 피하고 있습니다. "시클라멘(シクラメン) 꽃"도 그 발음이 "시쿠(死苦)"를 연상시키기 때문에 좋지 않다고 여겨집니다. 이러한 것들은 그 자체의 발음이 불길한 것을 연상시키기 때문에 피하는 것이 좋습니다. 또한, 국화꽃도 병문안을 갈 때 가져가지 않는데, 이것은 국화가 불단이나 장례식장에서 주로 사용되는 꽃이기 때문입니다. 아무리 예쁜 꽃이라고 해도 무작정 고르지 말고, 병문안이라는 상황에 맞는 꽃을 골라 실수하지 않도록 주의해 주세요.

14 おめでとうございます

> 학습목표
> ★ 명절이나 기념일에 알맞는 축하 인사를 전하거나 듣고 이해할 수 있다.
> ★ 선물을 할 때에 알맞은 표현을 말하거나 듣고 이해할 수 있다.

ウォーミングアップ

1 CDを듣고 다음 ①~④의 그림에 맞는 일본어 표현을 보기 ⓐ~ⓓ에서 골라 주세요. Track 101

ⓐ お誕生日、おめでとう。
ⓑ あけましておめでとうございます。
ⓒ ご結婚、おめでとうございます。
ⓓ 優勝おめでとうございます。

① (　　)　② (　　)　③ (　　)　④ (　　)

2 다음 ①~④의 문장에 이어질 회화문을 A~D에서 각각 하나씩 골라 주세요.

① マラソン大会の優勝、おめでとうございます。すごいですね。(　　)
② 今年の誕生日プレゼント、何がいい？(　　)
③ ご結婚、おめでとうございます。これ、気に入っていただけるとうれしいです。(　　)
④ あけましておめでとうございます。今年もよろしくお願いします。(　　)

> A そうだなあ、かばんがほしいなあ。
>
> ＊CD를 듣고 답을 확인해 주세요.
> B こちらこそ、よろしくお願いします。いい一年になるといいですね。
> C どうもありがとうございます。みなさんの応援のおかげです。
> D わあ、ありがとうございます。素敵な時計ですね。

聞いてみよう 1

1 CD를 듣고 각 회화에 알맞는 선물을 A~D 중에서 골라 주세요.

① (　　　)　　② (　　　)　　③ (　　　)　　④ (　　　)

A　　　　　　　　　　　B

　　　　　　　　　　　　C　　　　　　　　　　　D

2 회화를 다시 한 번 듣고, 각각 무엇을 축하하고 있는지 보기 ⓐ~ⓓ 중에서 맞는 것을 골라 주세요.

 ⓐ 正月（しょうがつ）　　ⓑ 就職（しゅうしょく）
ⓒ 出産（しゅっさん）　　ⓓ 結婚（けっこん）

① (　　　)　　② (　　　)　　③ (　　　)　　④ (　　　)

聞いてみよう 2

CDを聞く前に

●● 당신의 친구가 결혼하게 되었습니다. 어떤 선물을 보내고 싶은지 이야기해 보세요.

☐ その他（　　　　　　　　）

CDを聞いた後に Track 104

1　남자는 결혼 축하 선물로 무엇을 골랐습니까? 체크해 주세요.

2 여자는 무엇이 결혼 축하 선물로 적절하지 않다고 말하고 있습니까? 해당하는 것에 모두 체크하고 그 이유를 써 주세요.

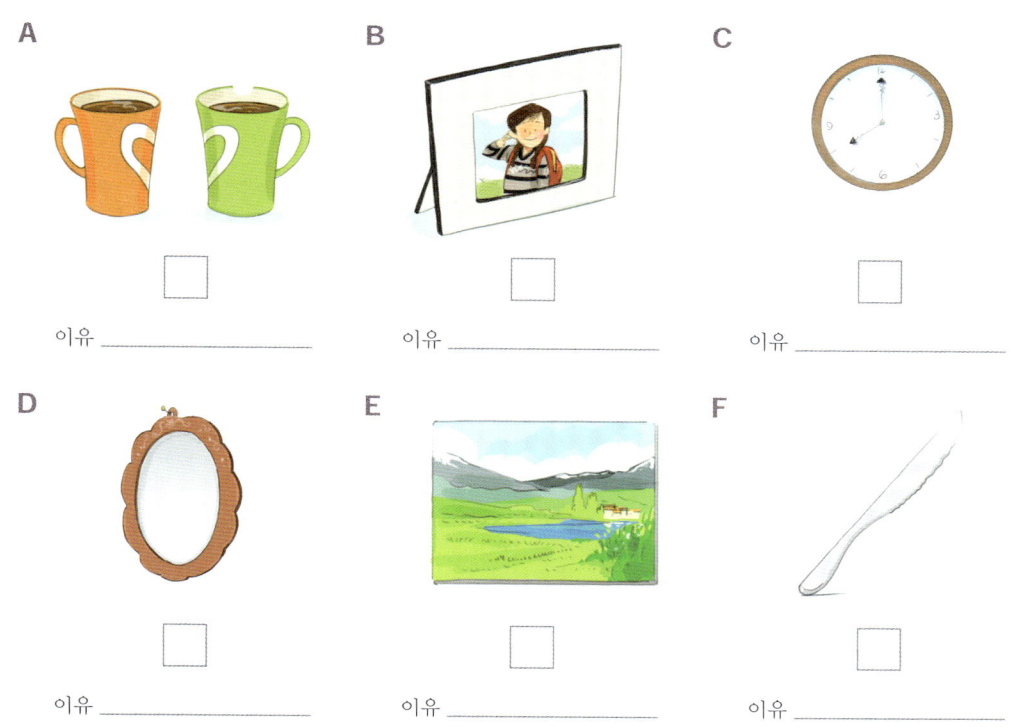

A 이유 _____

B 이유 _____

C 이유 _____

D 이유 _____

E 이유 _____

F 이유 _____

3 회화를 다시 한 번 듣고, 내용에 맞으면 〇, 맞지 않으면 × 표시를 해 주세요.

① 結婚のお祝いには、毎日よく使うものをあげません。(　　)

② 女の人は、結婚した時に時計と絵をもらいました。(　　)

③ 写真立ては一番人気があるプレゼントです。(　　)

④ ナイフは結婚のお祝いにあげない方がいいです。(　　)

⑤ 男の人は、結婚していません。(　　)

ことばと表現

○ 축하 표현

(ご結婚 / ご就職 / ご出産 / お誕生日 / 優勝 など)おめでとうございます
(결혼 / 취직 / 출산 / 생일 / 우승 등) 축하드립니다

よく頑張りましたね！ 정말 잘 했어요!

すごいですね！ 대단해요!

○ 선물을 건넬 때

これ、ほんの気持ちです、どうぞ 여기 보잘 것 없지만 받아 주세요.

つまらないものですが 대단한 것은 아니지만……

これ、気に入っていただけるとうれしいです 이거, 마음에 드셨으면 좋겠네요

○ 축하를 받았을 때

ありがとうございます 고맙습니다

〜のおかげです ~ 덕분이에요

○ 신년 인사

あけまして、おめでとうございます 새해 복 많이 받으세요

本年もどうぞよろしくお願い致します 올해도 부디 잘 부탁 드립니다

 **やってみよう** 다음 중 다른 세 단어와 성격이 다른 것을 하나 고르세요. 그리고 그 이유도 생각해 보세요.

① 誕生日　　② 結婚
③ 出産　　　④ 就職

できますか

●● 아래의 기사를 보면서 CD의 질문을 듣고, 올바른 답을 체크해 주세요. Track 105

クリスマスプレゼントの金額は？

アンケートの結果、恋人へのプレゼントの金額は、男性のトップは１万円〜１万5,000円未満(38.5％)、２位は１万5,000円以上(30.8％)。女性の１位は5,000円未満(47.4％)、２位が5,000円〜１万円未満で、女性より男性の方が、プレゼントへかける金額が大きいことがわかった。

① A ☐ １万円〜１万5,000円未満　　B ☐ １万5,000円以上

② A ☐ 5,000円未満　　B ☐ 5,000円〜１万円未満

話してみよう

●● 당신이 지금까지 받은 선물 중에서 가장 기뻤던 것에 대해, 다음의 내용을 넣어 이야기해 보세요.

> 예
> 何をもらいましたか。
> いつもらいましたか。
> 誰にもらいましたか。
> どうしてそれが一番のプレゼントですか。

聞いて書いてみよう

●● CD의 질문을 듣고 받아 써 주세요. 그리고 당신의 대답을 써 주세요. Track 106

① Q
   A

② Q
   A

コラム

새해 복 많이 받으세요

일본의 신년 인사는 "あけましておめでとうございます"입니다.
이것을 한국의 "새해 복 많이 받으세요"와 같은 용도로 사용할 수 있을까요?
실은 다릅니다. 한국에서는 연말에 만난 사람에게 "새해 복 많이 받으세요"라고
말할 수 있지만, 일본의 "あけましておめでとうございます"는 반드시 신년이
밝고 나서 해야 합니다. 신년이 시작된 것을 축하하는 인사이기 때문입니다.
그럼 연말에는 어떤 인사를 하면 좋을까요? 그런 경우에는 "よいお年をお迎
えください (좋은 해를 맞이하세요)"라는 의미로 "よいお年を"라고 합니다.
덧붙여서 요즘 젊은이들 말로 "あけおめ", "ことよろ"라는 것이 있습니다.
이것은 "あけましておめでとうございます"와 "ことしもよろしくおねがいしま
す"의 약자로, 젊은층에서 친구들 사이에
사용하고 있습니다. 젊은이들 사이에서는
연하장 인사에 더해져 이메일 인사가
늘어나고 있는데, 이런 캐주얼한 인사말은
그런 이메일 등에서 자주 사용되고 있는 것
같습니다.

15 私<ruby>わたし</ruby>もそう思<ruby>おも</ruby>います

> **학습목표**
> ★ 자신이 살고 있는 지역에 대한 생각을 이야기하거나 듣고 이해할 수 있다.
> ★ 여러가지 사회제도에 대한 정보를 듣고 이해할 수 있다.

ウォーミングアップ

1 CD를 듣고 다음 ①~④의 사진에 맞는 일본어 표현을 보기 ⓐ~ⓓ에서 골라 주세요. **Track 107**

보기
ⓐ 都会(とかい)　　ⓑ 田舎(いなか)
ⓒ マンション　　ⓓ 一戸建て(いっこだて)

① (　)　② (　)　③ (　)　④ (　)

2 다음 ①~④의 문장에 이어질 회화문을 A~D에서 각각 하나씩 골라 주세요.

① 結婚したら、どんなところに住みたいですか。(　)
② 田舎に住むのはいろいろ不便でしょう？(　)
③ マンションの生活は、どうですか。(　)
④ これから日本の農業は、どうなると思いますか。(　)

Track 108
＊CD를 듣고 답을 확인해 주세요.

A そうでもないですよ。田舎でもインターネットで買い物ができますから。
B 便利ですが、隣にどんな人が住んでいるかわからなくて、不安です。
C 外国と競争しなければならないかもしれません。
D 私は車がないので、駅に近いマンションに住みたいです。

聞いてみよう 1

1 CD를 듣고 각 회화에 맞는 사진을 A~D 중에서 골라 주세요. Track 109

① (　　　)　　② (　　　)　　③ (　　　)　　④ (　　　)

A
B
C
D

2 회화를 다시 한 번 듣고, 여자가 찬성하고 있는 경우에는 찬성에, 반대하고 있는 경우에는 반대에 체크해 주세요.

① □ 찬성　　　　　　　□ 반대

② □ 찬성　　　　　　　□ 반대

③ □ 찬성　　　　　　　□ 반대

④ □ 찬성　　　　　　　□ 반대

15 私もそう思います

聞いてみよう 2

CDを聞く前に

●● 당신은 장래 어떤 곳에서 살고 싶습니까? 그리고 그 이유도 말해 보세요.

□ 都会(とかい)

□ 田舎(いなか)

이유 _____

□ 韓国(かんこく)

□ 海外(かいがい)

이유 _____

CDを聞いた後に Track 110

1 다음 중에서 남자가 읽고 있는 신문 기사를 골라 체크해 주세요.

A □ アメリカがNo.1 − 日本人(にほんじん)が留学(りゅうがく)したい国(くに)

B □ 韓国(かんこく)の英語教育(えいごきょういく) − 子(こ)どもと妻(つま)が留学(りゅうがく)

C □ 退職後(たいしょくご)は海外(かいがい)へ − いま、海外移住(かいがいいじゅう)が人気(にんき)

D □ こんなトラブルに気(き)をつけて − 海外生活(かいがいせいかつ)

2 여자가 살고 싶은 곳은 어떤 곳입니까? 해당하는 것에 모두 체크해 주세요.

① □ 英語が勉強できるところ

② □ 買い物が便利なところ

③ □ お金があまりかからないところ

④ □ 文化が面白いところ

⑤ □ 食べ物がおいしいところ

3 회화를 다시 한 번 듣고, 남자의 생각과 맞으면 ○, 맞지 않으면 × 표시를 해 주세요.

① 子どもには留学をさせたい。(　　)

② これからの国際社会で生きていくために、世界旅行がしたい。(　　)

③ 安全なら、海外で生活をしてみたい。(　　)

④ 外国の言葉と文化を身につけるのは、国内でもできる。(　　)

⑤ 家族全員で海外に移住したい。(　　)

ことばと表現

○ 지역과 생활에 관한 단어

都会 도시, 도회지　**地方** 지방　**田舎** 시골　**国内** 국내
海外 해외　**マンション** 맨션　**一戸建て** 단독주택　**アパート** 아파트
人口 인구　**高齢化** 고령화　**少子化** 저출산

○ 사회제도에 관한 단어

免許を取る 면허를 따다
たばこを吸う 담배를 피우다
軍隊に入る 입대하다
結婚する 결혼하다

○ 의견을 묻는 표현

〜について、どう思いますか ~에 대해서 어떻게 생각합니까?

やってみよう　한국에서 만 19세가 되기 전에 할 수 있는 것과 할 수 없는 것으로 나눠 보세요.

① お酒を飲む　② 結婚する
③ たばこを吸う　④ 軍隊に入る

できますか

● ● 아래의 기사를 보면서 CD의 질문을 듣고, 올바른 답을 체크해 주세요. Track 111

「田舎で暮らしたい」、500人調査（若者、地方へ）

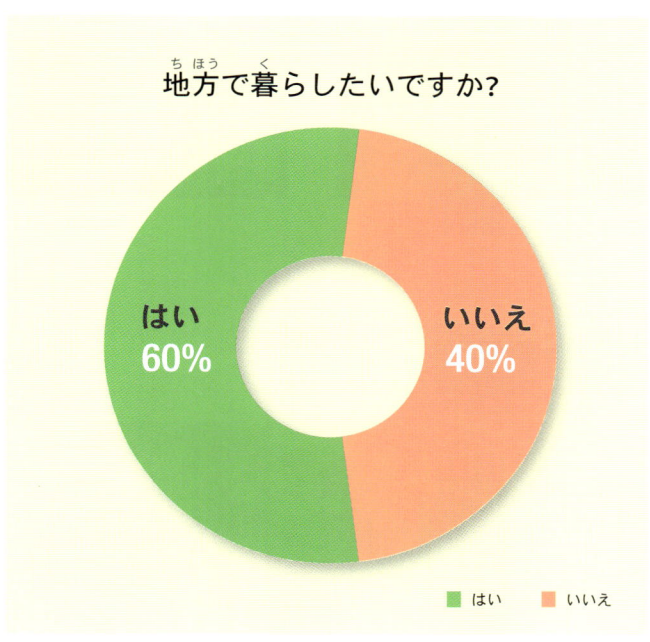

「田舎で暮らしたい」と答えた若者は60%に上りました。

① A □ 40%　　　　　　　　B □ 60%

② A □ したいと思っています。
　　B □ あまりしたくないと思っています。

15 私もそう思います　135

話してみよう

●● 다음 테마에 대해서 토론해 보세요.

예　住むなら、都会と田舎どちらがいい？

예　韓国の軍隊の期間について、どう思う？

聞いて書いてみよう

●● CD의 질문을 듣고 받아 써 주세요. 그리고 당신의 답을 써 주세요. Track 112

① Q
　 A

② Q
　 A

コラム

해외 이주

일본에서는 최근 해외 이주에 대한 관심이 높아지고 있습니다. 외무성의 2011년도 조사에 따르면 일본 외의 아시아 지역에 거주하는 일본인이 5년 전에 비해 19%나 증가했다고 합니다. 일본 사회의 고령화의 영향으로 간호를 목적으로 하는 이주와 아이의 교육을 목적으로 한 이주, 거기다 "일"하는 것을 목적으로 아시아에 거주하는 일본인이 늘어나고 있다고 합니다. 그 배경에는 최근 동남아시아의 1인당 GDP가 크게 늘어난 점, 일본의 대기업이 소비시장으로서 동남아시아에 매력을 느끼고 진출하고 있는 점, 일본 국내의 취업난 등이 있습니다. 앞으로 이 움직임은 점점 가속될 전망입니다. 한국에서는 주로 어머니와 자녀만이 교육을 위해 해외로 이주하는 경향이 일본보다도 훨씬 전에 활성화되어 있는 것 같습니다만, 당신은 이런 생활 방식에 대해서 어떻게 생각합니까?

듣기대본

발음편

1. 청음·탁음·반탁음
① かが ② きぎ ③ くぐ ④ けげ ⑤ こご
⑥ さざ ⑦ しじ ⑧ すず ⑨ せぜ ⑩ そぞ
⑪ ただ ⑫ ちぢ ⑬ つづ ⑭ てで ⑮ とど
⑯ はばぱ ⑰ ひびぴ ⑱ ふぶぷ
⑲ へべぺ ⑳ ほぼぽ

연습 1
① ぐ ② さ ③ つ ④ び ⑤ じ ⑥ が
⑦ て ⑧ と ⑨ ば ⑩ ぷ ⑪ ぼ ⑫ ぺ

연습 2
① かんこく ② がいこく ③ でんき
④ たいがく ⑤ オープン ⑥ みがく
⑦ きん ⑧ さっし ⑨ かたい
⑩ げんこう ⑪ しんごう ⑫ えいきょう

2. 장음
① カレー, とちゅう
② ケーキ, とおり
③ パーティー, にゅうてん
④ テーブル, メートル
⑤ アパート, スタート
⑥ にちようび, げつようび

연습 1
① ノート ② セーター ③ シャツ
④ コーヒー ⑤ じこ ⑥ ビル

연습 2
① かこう ② こちょう
③ こせい ④ きょうか
⑤ おじいさん ⑥ しょうじょう
⑦ こい ⑧ きょうじゅ
⑨ ゆめ ⑩ いっしょう

3. 촉음
① ざっし, マッチ
② けっこう, がっこう
③ ゆっくり, はっきり
④ さらっと, からっと
⑤ サンドイッチ, ホームシック

연습 1
① きって ② あかちゃん ③ カップ
④ とけい ⑤ かど ⑥ サッカー

연습 2
① おと ② とっき
③ がっか ④ さか
⑤ きた ⑥ いっけん
⑦ じけん ⑧ かっき
⑨ いっち ⑩ にこう

4. 발음
① かんこく, とんかつ
② げんき, あんな, べんり
③ せんもん, うんどう
④ うどん, ごめん
⑤ プリント, フロント

연습 1
① えんぴつ ② しんぶん ③ たばこ
④ かさ ⑤ せんたくき ⑥ でんわ

연습 2
① きんえん ② きかい ③ インド
④ ダンス ⑤ あんま ⑥ しんそう
⑦ こな ⑧ かんじ ⑨ きんちょう
⑩ きんし

5. 요음
① でんしゃ, おちゃ
② かしゅ, きゅう
③ ばしょ, ちょっと

연습 1
① かびん ② いしゃ ③ きょうかい
④ りょうり ⑤ みそ ⑥ てがみ

연습 2
① びょういん ② かんしゃ
③ じゅう ④ ひゃく
⑤ しゃきん ⑥ させつ

⑦ シャツ　⑧ しょうしゃ
⑨ さどう　⑩ きゃく

6. 동음이의어
① さけが, さけが
② かきが, かきが
③ はしを, はしを, はしを
④ あめが, あめが
⑤ はが, はが
⑥ はなが, はなが

연습
① さけがすきです。　② かきがおいしいです。
③ はしをわたります　④ あめがきらいです。
⑤ はがきれいです。　⑥ はながたかいです。

7. 축어 표현
① かいちゃう, ねちゃう
② のんじゃう, あそんじゃう
③ いかなきゃ, かわなきゃ
④ やめなくちゃ, かりなくちゃ

연습
① あっちゃう　② きちゃった
③ いそがなきゃ　④ よまなくちゃ
⑤ かっちゃおう　⑥ いっちゃうの？

8. 인토네이션
① いいがっこうじゃない？
　いいがっこうじゃない。
　いいがっこうじゃない。
② あしたはあめでしょう。
　それはつらかったでしょう。
　きょうはやすみでしょ？

연습
① いいかいしゃじゃない。
② いいかいしゃじゃない。
③ いいかいしゃじゃない？
④ たいへんだったでしょう。
⑤ かれはさんかしないでしょう。
⑥ かいぎはごじからでしょう？

01　はじめまして

ウォーミングアップ

1
① よろしくお願いします。
② じゃあね、また明日。
③ あ、ごめんなさい！
④ あのう、すみません。ハンカチ……。
　① 잘 부탁드리겠습니다.
　② 그럼, 내일 봐.
　③ 아, 죄송합니다.
　④ 저기요, 여기 손수건…….

2
① 男 あのう、すみません。失礼ですが、
　　竹内さんですか。
　女 いいえ、木村ですが。
② 女 じゃ、ここで。また、明日ね。
　男 うん、じゃあね。バイバイ。
③ 女 ごめんなさい！まちがえました。
　男 大丈夫ですよ。
④ 女 じゃ、お先に失礼します。
　男 あ、お疲れさまでした。
　① 남 저, 실례합니다. 다케우치 씨 되시나요?
　　여 아니요, 기무라입니다만.
　② 여 그럼 내일 봐.
　　남 응. 안녕.
　③ 여 죄송해요. 잘못 알았어요.
　　남 괜찮아요.
　④ 여 그럼 먼저 가보겠습니다.
　　남 수고하셨습니다.

聞いてみよう1
① 女 あ、もう9時だ。
　　じゃ。私、そろそろ。
　男 そうだね。じゃ、また、明日。
　女 うん、じゃあ、明日ね。
② 女 はじめまして。佐々木のぞみです。
　男 鈴木です。よろしく。

듣기대본

女 こちらこそ、どうぞよろしくお願いします。
③ 女 あ！ごめんなさい！
　 男 あ、いえ。大丈夫です。
　 女 本当にごめんなさいね。
④ 女 鈴木さん。はい、これ、どうぞ。
　 男 え、これ 何ですか。
　 女 ハワイのお土産です。
　 男 ありがとうございます！

① 여 아, 벌써 3시네. 그럼 난 이만 가 볼게.
　 남 그래. 그럼 내일 봐.
　 여 응. 내일 봐.
② 여 처음 뵙겠습니다. 사사키 노조미입니다.
　 남 스즈키입니다. 잘 부탁해요.
　 여 저야말로 잘 부탁 드리겠습니다.
③ 여 어머, 죄송해요.
　 남 아닙니다. 괜찮아요.
　 여 정말 죄송해요.
④ 여 스즈키 씨, 이거 받으세요.
　 남 아니, 이게 뭐에요?
　 여 하와이 기념품이에요.
　 남 고마워요!

聞いてみよう 2

① りさ お母さん、おはよう。
　 母 おはよう。今朝は早いね。

② りさ あ、すみません！
　 男 あ、いえ。大丈夫です。
　 りさ 本当にすみません……。

③ 男 みなさん、こちらは佐々木りさんです。
　 りさ はじめまして。佐々木りさです。
　　　　スーパーのアルバイトは初めてです。
　　　　よろしくお願いします。
　 男 こちらこそ、よろしくお願いします。
　　　がんばってくださいね。

④ りさ 今日はありがとうございました。
　　　　お先に失礼します。
　 男 お疲れさまでした。また、明日。

⑤ りさ ただいま。
　 母 おかえり。アルバイト、お疲れさま。

はい、これ、りさが大好きなケーキ。
りさ わー、ありがとう！いただきます。

① 리사 엄마, 안녕히 주무셨어요.
　 엄마 잘 잤니? 오늘은 일찍 일어났네.
② 리사 아, 죄송합니다.
　 남 아니요. 괜찮습니다.
　 리사 정말 죄송해요.
③ 남 여러분, 이쪽은 사사키 리사 씨입니다.
　 리사 처음 뵙겠습니다. 사사키 리사입니다.
　　　　슈퍼마켓 아르바이트는 처음입니다. 잘 부탁 드립니다.
　 남 저희야말로 잘 부탁 드리겠습니다. 열심히 해 주세요.
④ 리사 오늘은 감사했습니다. 먼저 가 보겠습니다.
　 남 수고했어요. 내일 봐요.
⑤ 리사 다녀왔습니다.
　 엄마 어서 오렴. 아르바이트 힘들었지. 자, 여기 리사가 좋아하는 케이크.
　 리사 와, 고맙습니다. 잘 먹겠습니다.

できますか

① こんにちは。
② ありがとう。
③ どうも、すみません。
④ だいじょうぶ？
⑤ がんばって。
　① 안녕하세요.
　② 감사합니다.
　③ 정말 죄송합니다.
　④ 괜찮아?
　⑤ 열심히 해.

聞いて書いてみよう

① お元気ですか。
② あのう、失礼ですが、金さんですか。
　① 안녕하셨어요?
　② 저, 실례지만 김 씨이신가요?

02 私の家族です

ウォーミングアップ

1
① 私の父です。
② 私の母です。
③ 私の姉です。

듣 기 대 본

④ 私の兄です。
⑤ 私の弟です。
⑥ 私の妹です。
⑦ 田中さんのお父さんです。
⑧ 田中さんのお母さんです。
⑨ 田中さんのお兄さんです。
⑩ 田中さんのお姉さんです。
⑪ 田中さんの妹さんです。
⑫ 田中さんの弟さんです。

① 우리 아빠입니다.
② 우리 엄마입니다.
③ 우리 언니입니다.
④ 우리 오빠입니다.
⑤ 내 남동생입니다.
⑥ 내 여동생입니다.
⑦ 다나카 씨의 아버지입니다.
⑧ 다나카 씨의 어머니입니다.
⑨ 다나카 씨의 형입니다.
⑩ 다나카 씨의 누나입니다.
⑪ 다나카 씨의 여동생입니다.
⑫ 다나카 씨의 남동생입니다.

2

① 女 お父さんのお仕事は何ですか。
   男 父は教師をしています。
② 男 この写真は、木村さんのお母さん?
   女 そう。私の母。若い時の写真なの。
③ 男 佐藤さんは三人家族ですか。
   女 はい、父と母と私。
     そして犬が一匹います。
④ 男 弟さんは何歳になりましたか。
   女 もう23歳になりました。

① 여 아버지는 무슨 일을 하시나요?
   남 아버지는 교사입니다.
② 남 이 사진은 기무라 씨의 어머니?
   여 응, 우리 엄마. 젊었을 때 사진이야.
③ 남 사토 씨는 3인 가족인가요?
   여 네, 아빠, 엄마, 저. 그리고 강아지가 한 마리 있어요.
④ 남 남동생은 몇 살인가요?
   여 이제 23살이 되었어요.

聞いてみよう1

① 男 これが私の家族。両親と……、これが妹。
   女 妹さん、何歳?
   男 16歳。高校1年生だよ。

② 女 佐々木さん、その写真は?
   男 ああ、これはぼくの家族ですよ。
     母と……そして犬のポチ。
     三歳になりました。
   女 わあ、かわいい犬ですね。
③ 女 これ、お兄さん?
   男 うん、ぼくより2つ上の22歳。
   女 お兄さんはお父さんよりもお母さんに
     似ているみたい。
④ 男 私の家族の写真です。
     男だけの三人家族です。
   女 これはお兄さんですか。弟さんですか。
     イケメンですね。
   男 弟です。今度、紹介しますよ。

① 남 이게 우리 가족이야. 부모님하고 이쪽이 여동생.
   여 여동생 몇 살이야?
   남 16살. 고등학교 1학년이야.
② 여 사사키 씨, 그 사진은 뭐에요?
   남 아, 이거 우리 가족이에요. 엄마하고 강아지 포치. 3살이에요.
   여 와, 귀여운 강아지네요.
③ 여 이 사람 형이야?
   남 응, 나보다 2살 위 22살.
   여 형은 아버지보다도 어머니를 닮은 것 같네.
④ 남 우리 가족 사진입니다. 남자들뿐인 3인 가족입니다.
   여 이 사람은 형인가요? 남동생인가요? 잘 생겼네요.
   남 남동생입니다. 다음에 소개할게요.

聞いてみよう2

先生 今日はみなさんの家族を紹介してください。
     写真は持ってきましたね。では、ユリさん
     からお願いします。
ユリ はい。みなさん、こんにちは。今日は私の
     家族を紹介します。私の家族は父、母、姉、
     私、そして妹の5人家族です。そして犬の
     タローがいます。だから、5人と一匹の
     家族です。父は高校の教師で、母は会社員
     です。姉はこの写真の中にいません。今、
     アメリカにいます。妹は高校1年生です
     が、私より背が高いです。姉みたいです。
     私と母、妹はよく似ていますが、姉は父に
     よく似ています。タローはいつもとても元
     気です。私の弟みたいですね。私たちはみ

듣기대본

んなタローが大好きです。
これで私の家族紹介を終わります。
ありがとうございました。
では、質問をお願いします。
学生　はい。タローは今何歳ですか。
ユリ　2歳です。とてもかわいいです。
学生　お姉さんは、大学生ですか。
ユリ　いいえ、姉は主婦です。

선생님　오늘은 여러분의 가족을 소개해주세요.
　　　　사진은 가져 왔나요? 그럼 유리 씨부터 부탁합니다.
유리　네. 여러분, 안녕하세요. 오늘은 우리 가족을 소개하겠습니다. 우리 가족은 아빠, 엄마, 언니, 저, 그리고 여동생 이렇게 5명입니다. 그리고 강아지 타로가 있습니다. 그래서 5명과 한 마리 가족입니다. 아빠는 고등학교 선생님이고, 엄마는 회사원입니다. 언니는 사진 속에는 없습니다. 지금 미국에 있습니다. 여동생은 고등학교 1학년인데, 저보다 키가 큽니다. 꼭 언니같습니다. 저와 엄마, 여동생은 많이 닮았지만 언니는 아빠와 많이 닮았습니다. 타로는 언제난 활기찹니다. 마치 내 남동생같습니다. 우리는 모두 타로를 아주 좋아합니다.
이것으로 우리 가족 소개를 마치겠습니다. 감사합니다.
그럼, 질문해 주세요.
학생　네. 타로는 지금 몇 살입니까?
유리　2두 살입니다. 아주 귀엽습니다.
학생　언니는 대학생인가요?
유리　아니요. 언니는 주부입니다.

できますか
① 何人兄弟ですか。
② お兄さんは何をしていますか。

　① 형제는 몇 명입니까?
　② 오빠는 무슨 일을 합니까?

聞いて書いてみよう
① 何人家族ですか。
② 家に、犬がいますか。

　① 가족은 몇 명인가요?
　② 집에 개가 있습니까?

03　日曜日、何をしますか。

ウォーミングアップ

1
① これからスーパーで買い物をするよ。
② 今日は部屋を掃除するつもり。
③ これから、勉強するよ。
④ 今日は9時まで働く。

　① 이제 슈퍼에서 장을 볼거야.
　② 오늘은 방 청소를 할 생각이야.
　③ 이제부터 공부할거야.
　④ 오늘은 9시까지 일해.

2
① 男　何時から何時まで働いていますか。
　女　午前9時から午後6時までです。
② 男　今日も夜10時まで図書館で勉強しなくちゃ。
　女　毎日毎日大変だね。
③ 男　今週のアルバイトは週何回ですか。
　女　月・水・金の3回です。
④ 男　土曜日はいつも何をしていますか。
　女　家でゆっくり休んでいます。

　① 남　몇 시부터 몇 시까지 일합니까?
　　 여　오전 9시부터 오후 6시까지입니다.
　② 남　오늘도 밤 10시까지 도서관에서 공부해야 돼.
　　 여　매일매일 힘들겠다.
　③ 남　이번주 아르바이트 주 몇 회에요?
　　 여　월・수・금 3회에요.
　④ 남　토요일에는 늘 무엇을 하나요?
　　 여　집에서 느긋하게 쉬어요.

聞いてみよう1
① 女　パクさん、会社には何時までに行きますか。
　男　毎朝8時までに行きます。
　女　そうですか。何で行きますか。
　男　電車とバスで行きます。
② 女　パクさんは日曜日、いつも何をしていますか。
　男　そうですね〜、午前中は家の仕事をしていますよ。
　女　家の仕事？
　男　ええ、お風呂の掃除と車の掃除をしています。午後は何もしません。

듣기 대본

③ 女 あれ？パクさん、勉強ですか。
   男 はい、今週の土曜日、英語の試験があるんです。
   女 大変ですね。あれ、それは英語の本じゃありませんよね？
   男 ああ、これですか。日曜日は家でパーティーがありますから、料理の本なんです。
④ 女 日曜日、パクさんの家でパーティーがありますね。楽しみです。
   男 今日はこれから子どもとスーパーへ買い物に行きます。
   女 明日のメニューは何ですか。
   男 バーベキューですよ。肉と野菜を買いに行きます。

① 여 박 씨, 회사에는 몇 시까지 가나요?
   남 매일 아침 8시까지 갑니다.
   여 그래요? 무엇으로 가나요?
   남 전철과 버스를 타고 갑니다.
② 여 박 씨는 일요일에 늘 무엇을 하나요?
   남 글쎄요, 오전중에는 집안일을 해요.
   여 집안일이요?
   남 네. 욕실 청소랑 세차를 해요. 오후에는 아무 것도 하지 않아요.
③ 여 어머나, 박 씨, 공부하는 거에요?
   남 네, 이번주 토요일에 영어 시험이 있거든요.
   여 큰일이네요. 어라? 그건 영어 책이 아니네요?
   남 아, 이거요? 일요일에는 집에서 파티가 있어서요. 요리책이에요.
④ 여 일요일에 박 씨의 집에서 파티가 있지요. 기대되요.
   남 오늘은 이제부터 아이랑 슈퍼에 장을 보러 갈 거에요.
   여 내일의 메뉴는 무엇인가요?
   남 바베큐에요. 고기랑 채소를 사러 갈 거에요.

聞いてみよう2

秘書 社長、おはようございます。
     今朝もジョギングを？
社長 おはよう。朝7時から8時まで会社の近くをジョギングしたよ。今日の会議は10時からだね。
秘書 はい、10時から12時まで会議です。
     昼は、佐々木様とお昼ご飯ですね。
社長 メニューは？
秘書 いつものお寿司を予約しました。
     それから、2時から4時半まで佐々木様と一緒に工場の見学です。

社長 そうだったね。今日、ゴルフは……。
秘書 社長、今日は時間がありません。
     夜は6時からホテルジャパンでパーティーがありますから。
社長 ああ、そうか。じゃ、明日の6時からゴルフの練習をするから、予約してください。
秘書 明日の6時からですね。
     はい、わかりました。

비서 사장님, 좋은 아침입니다. 오늘 아침에도 조깅하셨나요?
사장 좋은 아침. 아침 7시부터 8시까지 회사 근처에서 조깅했다네. 오늘 회의는 10시부터이지?
비서 네, 10시부터 12시까지 회의입니다.
     점심에는 사사키 님과 점심 식사이고요.
사장 메뉴는?
비서 늘 가는 초밥집을 예약했습니다. 그리고 2시부터 4시 반까지 사사키 님과 함께 공장 견학입니다.
사장 그랬지. 오늘 골프는?
비서 사장님, 오늘은 시간이 없습니다. 저녁에는 6시부터 호텔 재팬에서 파티가 있으니까요.
사장 아, 그렇군. 그럼 내일 6시부터 골프 연습을 할 테니 예약해 주게.
비서 내일 6시부터요. 네, 알겠습니다.

できますか

① 8時50分から、何がありますか。
② 彼女と何時に会いますか。

① 8시 50분부터 무엇이 있습니까?
② 여자친구와 몇 시에 만납니까?

聞いて書いてみよう

① 土曜日には何をしますか。
② 何曜日に日本語の勉強をしますか。

① 토요일에는 무엇을 합니까?
② 무슨 요일에 일본어 공부를 합니까?

04 天気予報を見ましたか

ウォーミングアップ

1

① ああ、暑い、暑い。
② ああ、暖かいな〜。
③ ああ、寒い、寒い。
④ ああ、涼しいなあ〜。

듣 기 대 본

① 아, 덥다 더워
② 아~ 따뜻해.
③ 아, 춥다 추워
④ 아~ 시원하다.

2
① 男 今日の天気予報、見ましたか。
   女 はい、見ました。今日は晴れのちくもりだそうですよ。
② 男 今日は暖かいですね。
   女 ええ、もうコートは要りませんね。やっと春が来たみたいです。
③ 男 あ、雨が降ってきましたよ。
   女 え、そうなんですか。困りました。傘がないんです。
④ 男 ああ、寒い、寒い。
   女 外は雪が降っているみたいですよ。

① 남 오늘 일기 예보를 봤어요?
   여 네, 봤어요. 오늘은 맑은 뒤 흐린다고 하더군요.
② 남 오늘은 따뜻하네요.
   여 네, 이제 코트가 필요없네요. 마침내 봄이 온 것 같아요.
③ 남 아, 비가 와요.
   여 어, 정말요? 곤란하네요. 우산이 없거든요.
④ 남 아, 춥다 추워.
   여 밖에는 눈이 오고 있나 봐요.

聞いてみよう1

① 女 佐々木さんは、季節の中でいつが一番好きですか。
   男 ぼくは夏ですね。ビールがおいしい季節ですから。
   女 そうですか。私は秋が一番好きです。暑くも寒くもなくて、ちょうどいい季節でしょう？
   男 そうですね。紅葉もきれいですしね。
② 男 今日、天気予報見て来た？
   女 うん、今日は雨が降るって。傘、持って来た？
   男 いや、持って来てない。どうしよう。
   女 私、二本あるから一本貸してあげる。
③ 男 今夜は雪が積もりそうですね。
   女 気温もマイナス10度まで下がるって。
   男 そんな服じゃ、寒いでしょう。私のコートを着てください。
   女 え、いいです、いいです。

大丈夫ですから。
④ 男 明日のお花見、天気はどうかな。
   女 私が出かける時はいつも晴れるから、きっと大丈夫よ。
   男 そうなんだ、晴れ女なんだね。
   女 楽しみにしてて。

① 여 사사키 씨는 계절 중에서 언제가 가장 좋아요?
   남 저는 여름이요. 맥주가 맛있는 계절이니까요.
   여 그래요? 저는 가을을 가장 좋아해요. 덥지도 춥지도 않아서 딱 좋은 계절이잖아요?
   남 그렇죠. 단풍도 예쁘구요.
② 남 오늘 일기예보 보고 왔어?
   여 응. 오늘은 비가 온대. 우산 가져왔어?
   남 아니. 안가져왔어. 어쩌지?
   여 나 두 개 있으니까 하나 빌려줄게.
③ 남 오늘밤에는 눈이 쌓일 것 같네요.
   여 기온도 영하 10도까지 떨어진다고해요.
   남 그런 옷으로는 춥잖아요. 제 코트 입으세요.
   여 어, 아니에요, 아니에요. 괜찮아요.
④ 남 내일 꽃구경, 날씨는 어떠려나.
   여 내가 외출할 때는 늘 맑으니까 분명 괜찮을거야.
   남 맞아, 해를 몰고 다니는 여자였지!
   여 기대해.

聞いてみよう2

男 明日から名古屋へ出張なんだけれど、明日からの天気はどうかな。
女 あ、ちょうど今、テレビで天気予報が……。

明日の名古屋の天気です。午前中は晴れますが、午後から雨が降るでしょう。

男 ああ、あまりよくないみたいだな。明日、5月30日はくもりのち雨？
女 そうみたいね。出張は何日まで？
男 6月2日まで。晴れるのは、金曜日だけか。梅雨に入ったから、しかたないね。でも、じめじめして、いやだなあ。
女 雨が降るから、折りたたみ傘を持って行かないとね。服は、半袖でいいかな。
男 そうだね。明日の最高気温は28度だ。雨だと少し涼しいかもしれないけれど、晴れたらもっと暑くなりそうだね。
女 30度以上の日もあるみたいよ。

듣기 대본

半袖のシャツを2枚と、長袖のシャツを1枚持っていった方がいいわね。
男 そうだね。それと、帽子も持って行こう。

남 내일부터 나고야에 출장을 가는데 내일부터 날씨는 어떠려나?
여 아, 잠깐, 지금 텔레비전에서 일기예보가…….

내일의 나고야 날씨입니다. 오전중에는 맑지만 오후부터는 비가 내리겠습니다.

남 아, 별로 좋지 않은 것 같네. 내일 5월 30일은 흐린 뒤 비?
여 그런가봐. 출장은 언제까지야?
남 6월 2일까지. 맑은 날은 금요일뿐인가. 장마가 시작되었으니 할 수 없지. 그래도 눅눅해서 싫은데.
여 비가 오니까 접는 우산을 가져가야겠네. 옷은 짧은 소매면 될까?
남 응. 내일은 최고 기온이 28도야. 비가 오면 조금 선선할테지만, 맑으면 조금 더 더워지겠지.
여 30도 이상인 날도 있는 것 같아. 짧은 소매 셔츠 2장이랑 긴 소매 셔츠를 1장 가져가는 게 좋겠어.
남 그래. 그리고 모자도 가져가야지.

できますか
① 今日の東京の天気はどうですか。
② ソウルと東京と、どちらの方が暑いですか。
　① 오늘 도쿄의 날씨는 어떤가요?
　② 서울과 도쿄 중 어느 쪽이 덥습니까?

聞いて書いてみよう
① 今日、傘を持って来ましたか。
② 今の気温は、何度くらいですか。
　① 오늘 우산을 가져 왔나요?
　② 지금 기온은 몇 도 정도 인가요?

05 一緒に映画を見ませんか

ウォーミングアップ
1
① サッカー、面白い。
② カラオケ、大好き。
③ この映画、面白い。
④ 山登り、楽しい。
　① 축구 재밌다.
　② 노래방 정말 좋아.
　③ 이 영화 재밌다.
　④ 등산 즐거워.

2
① 男 佐藤さん、スポーツ、好きですか。
　女 はい、好きです。特にサッカーを見るのが好きですね。
② 男 久しぶりに、一緒に歌いたいですね。
　女 じゃ、これからカラオケに行きますか。
③ 女 いつ、山登りに行きましょうか。
　男 そうですね、今週末は忙しいので、来週末はどうですか。
④ 男 日曜日、よかったら、一緒に映画を見ませんか。
　女 いいですね。何の映画ですか。

① 남 사토 씨, 스포츠 좋아하세요?
　여 네, 좋아해요. 특히 축구 보는 것을 좋아해요.
② 남 오랜만에 함께 노래하고 싶네요.
　여 그럼, 이제 노래방에 갈까요?
③ 여 언제 등산 갈래요?
　남 그래요. 이번 주말은 바쁘니까 다음 주말은 어때요?
④ 남 일요일에 괜찮으면 같이 영화보지 않을래요?
　여 좋아요. 무슨 영화요?

聞いてみよう1
① 男 みき、一緒に映画に行ってくれるっていう約束のことだけど。
　女 うん、いつにする?
　男 今週の土曜日はどう?
　女 ああ、ごめん。今週はちょっと……。来週はどう?
② 男 佐藤さんが好きなスポーツは何ですか。
　女 野球です。もちろん、見る方ですけれど。木村さんは?
　男 私も野球が好きです。よかったら、日曜日、野球の試合を見に行きませんか。
　女 日曜日ですか。ちょっと手帳を見てみます。……ああ、アルバイトが入っています…すみません。
③ 男 鈴木さん、山登り、初めてですか。
　女 そうなんです。何を持って行ったらいいですか。
　男 必要なものは私たちが持っていきます。

듣 기 대 본

鈴木さんは、水を忘れないでください。
女 水ですね。わかりました。
④ 女 木村さん、休みの日はいつも何をしているんですか。
男 友達とドライブに行くことが多いですよ。土曜日は、箱根に行くんです。
女 え、本当ですか。私も友達と箱根温泉に行くんですよ。
男 え、本当に？じゃ、箱根のどこかで会いたいですね。

① 남 미키, 같이 영화보러 가자는 약속말인데.
　 여 응, 언제르 할래?
　 남 이번 주 트요일 어때?
　 여 아, 미안. 이번주 는 좀……. 다음주는 어때?
② 남 사토 씨7- 좋아하는 스포츠는 무엇인가요?
　 여 야구요. 물론 보는 쪽이지만. 기무라 씨는요?
　 남 저도 야구 좋아해요. 괜찮으면 일요일에 야구 시합 보러 가지 않들래요?
　 여 일요일요? 잠시만요, 수첩 좀 확인해 볼게요.
　 　 아, 아르바이트가 있네요. 미안해요.
③ 남 스즈키 쎄, 등산 처음인가요?
　 여 네. 무엇을 가져 가면 될까요?
　 남 필요한 견 우리가 가져갈게요.
　 　 스즈키 시는 물을 잊지 말아 주세요.
　 여 물이요? 알겠습니다.
④ 여 기무라 시, 휴일에는 늘 무엇을 하나요?
　 남 친구랑 드라이브를 가는 일이 많아요.
　 　 토요일어는 하코네에 가요.
　 여 어, 정말요? 저도 친구랑 하코네온천에 가요.
　 남 어, 정말요? 하코네 어딘가에서 만났으면 좋겠네요.

聞いてみよう2

男 はい、もしもし。金です。
女 斎藤です。金さん、お元気でしたか。
男 はい、おかげさまで。お久しぶりですね。
女 お久しぶりです。金さん、今週の土曜日は何かありますか。
男 土曜日ですか……、ちょっと予定を確認してみますね。えっと、何もないですよ。
女 それはよかった！実は、土曜日、田中さんと山登りに行こうって話になって。金さんも、もしよかったら、一緒にどうですか。
男 いいですね。どこの山ですか。
女 栗駒山です。いま、ちょうど紅葉がきれいでしょう？

男 そうですね。待ち合わせはどうしましょうか。
女 朝8時に、栗駒駅の前はどうですか。
男 8時に栗駒駅の前ですね。はい、わかりました。
女 お弁当は私たちが持って行きます。
男 斎藤さんたちは、車で来ますか。
女 いえ、私たちは電車で行きます。
男 じゃ、他に必要な物があったら、私が持っていきますよ。車で行きますから。
女 そうですか。ありがとうございます。
　 では、飲みものをお願いします。
男 はい、わかりました。楽しみにしています。

남 네, 여보세요. 김 입니다.
여 사이토입니다. 김 씨, 잘 지냈어요?
남 네, 덕분에요. 오랜만이네요.
여 오랜만입니다. 김 씨, 이번 주 토요일에 뭔가 있나요?
남 토요일말인가요. 잠시 일정을 확인해 볼게요.
　 어, 아무것도 없네요.
여 그거 다행이네요. 실은 토요일에 다나카 씨랑 등산을 가자는 이야기가 되어서. 김 씨도 혹시 괜찮으면 같이 어때요?
남 좋아요. 어느 산이요?
여 쿠리코마산이요. 지금 딱 단풍이 예쁘잖아요?
남 그렇네요. 언제, 어디서 만날까요?
여 아침 8시에 쿠리코마산역 앞은 어때요?
남 8시에 쿠리코마산역 앞이요. 네. 알겠어요.
여 도시락은 우리가 가져 갈게요.
남 사이토 씨네는 차를 타고 오나요?
여 아니요, 우리는 전철을 타고 갈 거에요.
남 그럼 그 밖에 필요한 것이 있으면 제가 가져 갈게요. 차로 갈 테니까.
여 그래요? 고마워요. 그럼 마실 것을 부탁할게요.
남 네, 알겠어요. 기대하고 있을게요.

できますか

① パーティーは何時に終わりますか。
② 留学生の参加費はいくらですか。

　① 파티는 몇 시에 끝나요?
　② 유학생의 참가비는 얼마입니까?

聞いて書いてみよう

① 好きなスポーツは、何ですか。
② 今週の土曜日は何かありますか。

　① 좋아하는 스포츠는 무엇입니까?
　② 이번주 토요일에 뭔가 있습니까?

06 机の上にありましたよ

ウォーミングアップ

1
① ここは台所です。
② ここは玄関です。
③ ここはリビングです。
④ ここは和室です。

① 여기는 부엌입니다.
② 여기는 현관입니다.
③ 여기는 거실입니다.
④ 여기는 (일본) 전통방입니다.

2
① 女 私のかぎを見ませんでしたか。
　男 机の上にありましたよ。
② 男 こたつはどこに置きましょうか。
　女 和室に置いてください。
③ 女 鈴木さんの寮の部屋はどうですか。
　男 とても狭いです。台所もありませんから。
④ 男 家のリビングには何がありますか。
　女 テレビやテーブルやソファーなどがあります。

① 여 제 열쇠 못 보셨나요?
　남 책상 위에 있었어요.
② 남 고타쓰는 어디에 둘까요?
　여 전통방에 놓아 주세요.
③ 여 스즈키 씨의 기숙사 방은 어떤가요?
　남 무척 좁아요. 부엌도 없으니까요.
④ 남 집 거실에는 무엇이 있나요?
　여 텔레비전이랑 테이블이랑 쇼파 등이 있어요.

聞いてみよう1

① 女 ごめんください。
　男 どうぞおあがりください。
　女 おじゃまします。わあ、素敵な絵ですね。
　男 ありがとうございます。
　　私の父が描いた絵なんです。
② 女 佐藤さんの家にはこたつがありますか。
　男 はい、和室にあります。
　女 いいですね。
　　私もほしいと思っているんです。
　男 こたつでみかんを食べる……、いいですよね。
③ 女 この絵はどこに飾る?
　男 リビングにはもう絵があるから、他の部屋がいいよね。
　女 寝室のベッドの上はどう?
　男 ああ、それがいいね。
④ 男 お母さん、ぼくの時計見なかった?
　女 え?知らないわよ。どこに置いたの?
　男 えっと、たしかテーブルの上に置いたはず……。
　女 あ、あったわよ。私の帽子の下に。

① 여 계세요?
　남 어서 들어오세요.
　여 실례합니다. 와, 멋진 그림이네요.
　남 감사합니다. 우리 아버지가 그린 그림이에요.
② 여 사토 씨 집에는 고타쓰가 있나요?
　남 네, 전통방에 있어요.
　여 좋네요. 저도 갖고 싶어요.
　남 고타쓰에서 귤을 먹는거 정말 좋죠.
③ 여 이 그림 어디에 장식할까?
　남 거실에는 이미 그림이 있으니까 다른 방이 좋겠지.
　여 침실 침대 위는 어때?
　남 아, 그거 좋겠다.
④ 남 엄마, 내 시계 못 봤어요?
　여 어? 모르겠는데? 어디에 뒀는데?
　남 어, 분명히 테이블 위에 뒀는데…….
　여 어, 있다. 내 모자 아래에.

聞いてみよう2

女 あのう、すみません。大学の近くにあるアパートを探しているんですが。
男 ああ、それなら、とてもいいところがありますよ。
女 そうですか。実は、家具がついているお部屋がいいんですが。
男 家具つき……、ありますよ。ちょっと待ってください。……ええと、これ。
女 あ、広いですね。
男 家具はベッドと、机といす、テーブル、テレビ、洗濯機と冷蔵庫もついています。
女 わあ、いいですね。でも、高くないですか。
男 この部屋は8万円ですね。

듣기대본

女 ８万円……高いですね。もう少し安い、６万円くらいの部屋はありませんか。
男 そうですね……あ、あります。５万８千円の和室ですが、小さい台所があります。家具は、テーブルと本棚、それから洗濯機もありますね。
女 ああ、そうですか。そのお部屋、これから見に行くことができますか。
男 いいですよ。すぐ近くですから。
女 じゃ、お願いします。

여 저, 실례합니다. 대학 근처에 있는 아파트를 찾고 있는데요.
남 아, 그거라면 아주 좋은 곳이 있습니다.
여 그래요? 실은 가구가 딸려 있는 방이 좋은데.
남 가구가 딸려 있는…… 있습니다. 잠시 기다려주세요. 여기요.
여 아, 넓네요.
남 가구는 침대랑 책상과 의자, 테이블, 텔레비전, 세탁기하고 냉장고도 딸려 있어요.
여 와, 좋네요. 근데 비싸지 않나요?
남 이 방은 8만 엔입니다.
여 8만 엔…… 비싸네요. 조금 더 싼, 6만 엔 정도의 방은 없나요?
남 글쎄요. 아, 있네요. 5만 8천 엔의 전통방인데, 작은 부엌이 있어요. 가구는 테이블, 책장, 그리고 세탁기도 있네요.
여 아, 그래요. 그 방 지금부터 보러 갈 수 있나요?
남 그럼요. 바로 근처니까요.
여 그럼, 부탁드리겠습니다.

できますか

① テレビがありますか。
② 本はどこにありますか。

　① 텔레비전이 있나요?
　② 책은 어디에 있습니까?

聞いて書いてみよう

① あなたの部屋に、ベッドがありますか。
② 家のリビングには、何がありますか。

　① 당신의 방에 침대가 있습니까?
　② 집 거실에는 무엇이 있습니까?

07 歩いて５分くらいです

ウォーミングアップ

1

① ここ、まっすぐ行く?
② ここ、左へ曲がる?
③ あの横断歩道を渡る?
④ ここ、右へ曲がる?

　① 여기 직진해?
　② 여기 왼쪽으로 꺾어?
　③ 저 횡단보도를 건너?
　④ 여기 오른쪽으로 꺾어?

2

① 男 あのう、すみません。
　　　郵便局はどこにありますか。
　 女 この道をまっすぐ10分くらい行くと、銀行の隣にありますよ。
② 男 ホテルジャパンへ行きたいんですが、ここから遠いですか。
　 女 いえ、近いですよ。歩いて5分くらいです。
③ 女 そこの信号を左に曲がってください。
　 男 はい、左ですね。
④ 男 ここから空港までいくらぐらいかかりますか。
　 女 モノレールで行けば630円ですが、バスなら570円です。

　① 남 저, 실례합니다. 우체국은 어디에 있나요?
　　 여 이 길을 곧장 10분 정도 가면 은행 옆에 있어요.
　② 남 호텔 재팬에 가고 싶은데요, 여기에서 먼가요?
　　 여 아니요. 가까워요. 걸어서 5분 정도에요.
　③ 여 저기 신호를 건너서 왼쪽으로 꺾어 주세요.
　　 남 네, 왼쪽이요.
　④ 남 여기서 공항까지 가는데 얼마나 드나요?
　　 여 모노레일로 가면 630엔이지만, 버스라면 570엔입니다.

聞いてみよう1

① 女 あのう、すみません。
　　　この地図にあるお店、わかりますか。
　 男 ああ、はい。この道をまっすぐ行くと交差点があります。そこの横断歩道を渡ると、銀行が２つあって、その隣がこのお店です。
　 女 銀行の隣ですね。ありがとうございました。
② 女 あと１０分でパーティーが始まっちゃう!
　 男 パーティーのレストランは……、あのスーパーを左に曲がるの?
　 女 そう。スーパーと銀行の間にあるレストラン。
　 男 大丈夫、間に合いそうだよ。
③ 男 あのう、この近くに本屋はありますか。

듣기 대본

女 ええ、あの交差点を左に曲がって、まっすぐ行くと銀行があります。
男 はい、銀行ですね。
女 その銀行の前の横断歩道を渡るとすぐ前にありますよ。
④ 男 すみません、駐車場を探しているんですが。
女 ここから2つ目の信号を渡って、すぐ左に大きい駐車場がありますよ。
男 ああ、ホテルのすぐそばですね。
女 はい、そうです。

① 여 저, 실례합니다. 이 지도에 있는 가게 아시나요?
　 남 아 네, 이 길은 곧장 가면 교차로가 있어요. 거기 횡단보도를 건너면 은행이 두 개가 있고 그 옆이 이 가게에요.
　 여 은행 옆이요. 감사합니다.
② 여 앞으로 10분 뒤면 파티가 시작돼!
　 남 파티가 열리는 레스토랑은…… 저 슈퍼에서 왼쪽으로 꺾어?
　 여 맞아. 슈퍼와 은행 사이에 있는 레스토랑.
　 남 괜찮아. 늦지 않을 거 같아.
③ 남 저, 이 근처에 서점이 있나요?
　 여 네, 저 교차로에서 왼쪽으로 꺾어서 직진하면 은행이 있어요.
　 남 네, 은행이요.
　 여 그 은행 앞의 횡단보도를 건너면 바로 앞에 있어요.
④ 남 실례합니다. 주차장을 찾고 있는데요.
　 여 여기서 두 번째 신호를 건너면 바로 왼쪽에 큰 주차장이 있어요.
　 남 아, 호텔 바로 옆이요.
　 여 네, 맞아요.

聞いてみよう2

女 田中くん、さくら大学に行ったことある？
男 うん、あるよ。
女 私、明日そこで英語の試験があるんだけれど、行き方がよくわからなくて……。
男 えっと……インターネットで地図を見てみるね……。あ、あった、これだよ。
女 ありがとう。さくら駅の1番出口を出るの？
男 そう。1番出口を出るとすぐ横断歩道があるから、そこを渡るんだ。
女 そうすると、病院があるのね。
男 うん、その道をまっすぐ歩いて行くと、コンビニが見えるから、そこを左に曲がって。
女 コンビニを左に曲がって……。

男 うん。コンビニの向かいに右に銀行があって、大学はすぐその隣だよ。
女 わかった。ありがとう。
男 ううん。明日の試験頑張って。

여 다나카 군, 사쿠라대학에 가 본 적 있어?
남 응, 있어.
여 나, 내일 거기서 영어시험이 있는데, 가는 법을 잘 모르겠어서.
남 음, 인터넷에서 지도를 봐 볼게. 아, 있다. 이거야.
여 고마워. 사쿠라역 1번 출구로 나가?
남 응. 1번 출구로 나가면 바로 횡단보도가 있으니까 거길 건너는 거야.
여 그러면 병원이 있네.
남 응. 그 길을 곧장 걸어가면 편의점이 보이니까 거기서 왼쪽으로 꺾어서.
여 편의점에서 왼쪽으로 꺾어서……
남 응. 편의점 맞은편에 은행이 있고, 대학교는 바로 그 옆이야.
여 알겠어. 고마워.
남 아니야. 내일 시험 잘 봐.

できますか

① 駅の前に、コンビニがありますか。
② スーパーはどこにありますか。
　① 역 앞에 편의점이 있습니까?
　② 슈퍼는 어디에 있습니까?

聞いて書いてみよう

① 近くに、病院がありますか。
② 近くの駅まで、どれくらいかかりますか。
　① 근처에 병원이 있습니까?
　② 가까운 역까지 얼마나 걸립니까?

08 ケータイで予約できるよ

ウォーミングアップ

1
① 観光案内所はどこですか。
② チェックインカウンターはどこ？
③ 券売機はどこにある？
④ みどりの窓口はどこですか。
　① 관광안내소는 어디입니까?
　② 체크인카운터는 어디야?
　③ 티켓 발매기는 어디에 있어?
　④ 승차권 발매 창구는 어디입니까?

듣기대본　151

2

① 男 すみません、10時からの映画「となりのトトロ」、大人2枚ください。
女 はい、3,600円でございます。
② 女 ホテルはどこで予約できますか。
男 駅の観光案内所で予約できますよ。
③ 女 大阪に5時までに着きたいんですが、何時の新幹線に乗ればいいですか。
男 3時半発の新幹線が一番早く着きます。
④ 女 あのう、「東京スカイツリープラン」というツアーを予約したいんですが。
男 ありがとうございます。何月何日ご出発をご希望ですか。

① 남 저기요, 10시 시작하는 영화 「이웃집 토토로」 어른 두 장 주세요.
여 네, 3,600엔입니다.
② 여 호텔은 어디서 예약할 수 있나요?
남 역의 관광안내소에서 예약할 수 있습니다.
③ 여 오사카에 5시까지 도착하고 싶은데, 몇 시 신칸센을 타면 될까요?
남 3시반에 출발하는 신칸센이 가장 빠릅니다.
④ 여 저, '도쿄 스카이트리 플랜'이란 투어를 예약하고 싶은데요.
남 감사합니다. 몇 월 몇 일 출발을 원하시나요?

聞いてみよう1

① 男 何時の飛行機が安いかな……。
女 6時40分発と7時55分発のが安いわよ。
男 16,000円か、うん、安いね。少しでも早い方がいいから、こっちを予約しよう。
② 女 明日から東京に出張だから、泊まるホテルを予約しなくちゃ。
男 ケイタイで予約できるよ。ほら。
女 あ、ほんとだ。便利だね。
男 明日から何泊するの?
女 2泊。ええと、宿泊日は6月3日から2泊ね。
③ 女 すみません、9時発の新幹線の切符を一枚お願いします。
男 はい、13,240円です。
女 カードで払ってもいいですか。
男 はい、どうぞ。
④ 女 すみません、ホテルから越後湯沢駅までのバスを予約したいんですが。

男 はい、こちらがバスの時刻表でございます。何時のバスがよろしいでしょうか。
女 10時までに駅に着きたいんですが、このバスでも間に合いますか。
男 はい。30分で着きますので、ちょうどいいと思います。

① 남 몇 시 비행기가 싸지?
여 6시 40분 출발이랑 7시 55분 출발이 싸.
남 16,000엔인가. 음, 싸네. 조금이라도 빠른 쪽이 좋으니까 이쪽을 예약해야지
② 여 내일부터 도쿄 출장이니까 호텔을 예약해야지.
남 휴대폰으로 예약할 수 있어. 자 봐.
여 우와, 정말이네. 편리하네.
남 내일부터 몇 일 묵어?
여 2박. 그리고 숙박일은 6월 3일부터 2박이야.
③ 여 저기요, 9시 출발하는 신칸센 표를 1장 주세요.
남 네, 13,240엔입니다.
여 카드로 내도 되나요?
남 네, 물론입니다.
④ 여 실례합니다. 호텔에서 에치고유자와역까지 가는 버스를 예약하고 싶은데요.
남 네, 여기 버스 시간표가 있습니다. 몇 시 버스가 좋으신가요?
여 10시까지 역에 도착하고 싶은데 이 버스를 타도 시간에 맞을까요?
남 네, 30분이면 도착하니까 딱 좋다고 생각합니다.

聞いてみよう2

男 佐藤さん、あさって大阪に出張ですよね。何で行くんですか。
女 うーん、まだ考え中なんです。飛行機と、新幹線のどちらにしようかなと……。
男 飛行機なら1時間で着きますが、料金が高いし、空港までの移動時間もかかりますよね。
女 ええ、新幹線は2時間半で14,000円ですね……。
男 私は先月、夜行バスで大阪へ行きましたよ。9時間かかりましたが、8,000円で安かったです。
女 でも、バスは狭いし、男の人が多いので、ちょっと……。
男 いや、女の人だけが乗れるバスもありますよ。それは、普通のバスよりも広いそうです。
女 そうですか。ちょっとインターネットで調べてみます。あ、出てきました。
男 東京が午後11時発、大阪に着くのが午前8時半

듣기대본

　　　ごろですね。
女　会議は10時からなので、ちょうどいいですね。
　　　じゃ、これを予約します。
男　電話でもインターネットでも予約できますよ。
女　じゃ、電話してみます。予約した後、バスの窓口でチケットをもらえばいいんですね。
男　そうです。予約番号をメモするのを忘れないでくださいね。
女　はい、ありがとうございました。

남　사토 씨, 내일 모레 오사카에 출장이네요. 뭐 타고 가나요?
여　음, 아직 생각 중이에요. 비행기랑 신칸센이랑 어느쪽으로 할지.
남　비행기라면 1시간이면 도착하지만, 요금이 비싸고 공항까지 이동 시간도 걸리잖아요.
여　네, 신칸센은 2시간반이고 14,000엔이죠.
남　저는 지난달 심야버스로 오사카에 갔었어요. 9시간 걸렸지만, 8,000엔으로 쌌어요.
여　그치만 버스는 좁고 남자들이 많아서 좀……
남　아니요. 여자들만 탈 수 있는 버스도 있어요. 그건 보통 버스보다 넓다고 해요.
여　그래요? 잠깐 인터넷으로 찾아봐야겠어요. 아, 나왔네요.
남　도쿄에서 11시에 출발해서 오사카에 도착하는 게 오전 8시 반 정도네요.
여　회의는 10시부터이니까 딱 좋네요. 그럼 이걸 예약할게요.
남　전화로도, 인터넷으로도 예약할 수 있어요.
여　그럼 전화해 볼게요. 예약한 다음에 버스 창구에서 표를 받으면 되나요?
남　네. 예약번호를 메모하는 걸 잊지 마세요.
여　네, 고마워요.

できますか

① 新大阪駅を何時に出ますか。
② 何号車に乗りますか。

　① 신오사카역을 몇 시에 출발합니까?
　② 몇 호차에 탑니까?

聞いて書いてみよう

① 新幹線に乗ったことがありますか。
② 東京から大阪まで、何で行きたいですか。

　① 신칸센을 타 본적이 있습니까?
　② 도쿄에서 오사카까지 무엇으로 가고 싶습니까?

09　全部でいくらですか

ウォーミングアップ

1
① あ、袋は要りません。
② すみません、これをください。
③ あのう、カードは使えますか。
④ あのう、あれを見せてください。

　① 아, 봉지는 필요없습니다.
　② 저, 이거 주세요.
　③ 저, 카드 사용할 수 있나요?
　④ 저, 저것을 보여주세요.

2
① 男　お店の営業時間を教えてください。
　女　はい。10時から18時までです。
② 女　こちらのシャツは5,000円でございます。
　男　そうですか……。
　　　もう少し安いのはありませんか。
③ 女　チョコパンを1つと、あんぱんを2つください。
　男　はい、全部で280円になります。
④ 男　パソコン売り場は何階ですか。
　女　4階です。あちらのエスカレーターをご利用ください。

　① 남　가게의 영업 시간을 알려주세요.
　　여　네, 10시부터 18시까지입니다.
　② 여　이 셔츠는 5,000엔입니다.
　　남　그래요? 조금 더 싼 것은 없나요?
　③ 여　초코빵 하나랑 단팥빵 두 개 주세요.
　　남　네. 전부 280엔입니다.
　④ 남　컴퓨터 매장은 몇 층입니까?
　　여　4층입니다. 저 쪽 에스컬레이터를 이용해 주세요.

聞いてみよう1

① 女　どの帽子にするの？
　男　うーん、この帽子、ちょっとぼくには似合わないかなぁ。
　女　ううん、よく似合ってるよ。
　男　そうかな、じゃ、値段も安いし、これにしよう。
② 男　お客様、こちらの時計はいかがですか。

듣기 대본

女 デザインがきれいですね。おいくらですか。
男 23,000円でございます。
女 うーん……、ちょっと他のものも見せてください。
③ 女 すみません、このスカートをください。
男 ありがとうございます。こちらのTシャツも一緒にいかがでしょうか。
女 それもかわいいですね。
　 でも、Tシャツはいいです。
男 かしこまりました。
④ 女 このスカーフ、デザインがいいね。
男 うん、おしゃれだけど、ちょっと高いね。
女 そうだね。
　 10,000円以下なら買うのになぁ……。
男 たぶん、もっと安くていいのがあるよ。

① 여 어떤 모자 로 할래?
　 남 음, 이 모자 나한테는 안 어울릴까?
　 여 아니, 잘 어울려.
　 남 그래? 그럼 가격도 싸고, 이걸로 해야지
② 남 손님, 이 시계는 어떠신가요?
　 여 디자인이 예쁘네요. 얼마인가요?
　 남 23,000엔입니다.
　 여 음, 다른 것도 좀 보여주세요.
③ 여 저기요, 이 스커트 주세요.
　 남 감사합니다. 이 티셔츠도 같이 어떠신가요?
　 여 그것도 예쁘네요. 하지만 티셔츠는 됐습니다.
　 남 알겠습니다.
④ 여 이 스카프, 디자인이 좋네.
　 남 응, 멋지긴한데 조금 비싸네.
　 여 그렇네. 단 엔이하라면 살텐데.
　 남 분명 더 싸고 좋은 게 있을거야.

聞いてみよう2

女 いらっしゃいませ。
男 あのう、今日からネクタイの半額セールですよね。紳士服売り場は何階ですか。
女 6階でございます。
男 どうも。

男 すみません、ネクタイを探しているんですが。
女 こちらはいかがですか。イタリアのものです。
男 ああ、いいですね。いくらですか。
女 4,200円なのですが、今日からは半額になります。
男 うーん、どうしようかな。あ、そちらのその青いネクタイを見せてください。
女 こちらのネクタイは1,600円になります。
男 あ、ネクタイと一緒にシャツも買いたいんですが。
女 この青いシャツはいかがでしょうか。さきほどの青いネクタイとお似合いですよ。
男 Lサイズもありますか。
女 すみません、今、Mサイズしかないんです。
男 じゃあ、となりの白いシャツを見せてください。
女 はい、このシャツも素敵だと思います。
　 こちらはLサイズもございます。
男 じゃ、青いネクタイとそのシャツをください。全部でいくらですか。
女 5,600円でございます。お支払いは……。
男 カードでお願いします。あ、袋は要りません。
女 はい、かしこまりました。ありがとうございました。

여 어서오세요.
남 저, 오늘부터 넥타이 반값 세일이죠?
　 신사복 매장은 몇 층인가요?
여 6층입니다.
남 감사합니다.

남 저, 넥타이를 찾고 있는데요.
여 이건 어떠신가요? 이탈리아제입니다.
남 아, 좋네요. 얼마입니까?
여 4,200엔입니다만, 오늘부터는 반값입니다.
남 음, 어쩌지. 아, 저기 저 파란 넥타이를 보여 주세요.
여 이 넥타이는 1,600엔입니다.
남 아, 넥타이랑 같이 셔츠도 사고 싶은데.
여 이 파란 셔츠는 어떠신가요?
　 조금 전의 파란 넥타이랑 잘 어울리는데요.
남 L사이즈도 있나요?
여 죄송하지만 지금은 M사이즈밖에 없습니다.
남 그럼 옆에 흰 셔츠를 보여 주세요.
여 네, 이 셔츠도 멋집니다. 이것은 L사이즈도 있습니다.
남 그럼 파란 넥타이랑 그 셔츠를 주세요. 전부 얼마입니까?
여 5,600엔입니다. 결제는……
남 카드로 부탁합니다. 아, 봉투는 됐습니다.
여 네, 알겠습니다. 감사합니다.

できますか

① 青いセーターは、いくらですか。
② お店は何時までですか。

　① 파란 스웨터는 얼마입니까?
　② 가게는 몇 시까지 합니까?

듣기 대본

聞いて書いてみよう

① 服のサイズは何ですか。
② 買い物をする時、カードを使いますか。

　① 옷 사이즈는 무엇입니까?
　② 쇼핑을 할 때 카드를 사용합니까?

 ご注文をどうぞ

ウォーミングアップ

1
① 注文、お願いします。
② ご飯のお替りをください。
③ こちら、お持ち帰りの料理です。
④ 今日は割り勘にしよう。

　① 주문 하겠습니다.
　② 밥 한 그릇 추가요.
　③ 여기, 포장 주문하신 요리입니다.
　④ 오늘은 각자 내자.

2
① 女 ご注文は、お決まりでしょうか。
　 男 はい、ラーメンを1つと、焼きそばを2つください。
② 男 (メニューを見ながら)何にする?
　 女 うーん、私はチーズバーガーセットにする。
③ 女 コーヒーのお替りはいかがですか。
　 男 あ、もう結構です。どうも。
④ 女 今日は割り勘にしましょう。
　 男 いえいえ、今日は私がごちそうしますよ。

　① 여 주문은 정하셨나요?
　　 남 네, 라면 하나랑 야키소바 둘 주세요.
　② 남 (메뉴를 보면서) 뭘로 할래?
　　 여 음, 나는 치즈버거 세트로 할래.
　③ 여 커피 더 드시겠습니까?
　　 남 아, 이제 됐습니다. 감사합니다.
　④ 여 오늘은 각자 내지요.
　　 남 아니요. 오늘은 제가 사겠습니다.

聞いてみよう1

① 男 お腹がすいたね。
　　 あのレストランに入ろうか。
　 女 メニューが外にあるから見てみよう。
　 男 おいしそうだね。
　　 ぼくはこのピザにしようかな。
　 女 私はこのパスタにする。じゃ、入ろうか。
② 男 すみません、こちらのピザは持ち帰りできますか。
　 女 はい、できます。
　 男 じゃあ、このマルゲリータっていうのを1枚と、ナポリピザっていうのを1枚、ください。
　 女 ありがとうございます。
　　 サービスでサラダを1つおつけします。
③ 女 お会計はご一緒にされますか。
　 男 別々にお願いします。
　 女 はい、ラーメンのお客様は600円、焼きそばのお客様は750円です。
　 男 はい、じゃ、ぼくの分。
④ 女 金さん、このスンドゥブチゲ、すごく辛いですね。
　 男 そうですか。ぼくには全然辛くないですけれど……。
　 女 (店員に)すみませーん、お水を1つください。
　 男 (店員に)あ、ぼくにはビールをもう一杯ください。

　① 남 배고프다. 저 레스토랑에 들어갈까?
　　 여 메뉴가 밖에 있으니까 한번 보자.
　　 남 맛있겠다. 나는 이 피자로 할까.
　　 여 나는 파스타로 할래. 그럼 들어갈까.
　② 남 저기요, 이 피자 포장되나요?
　　 여 네, 됩니다.
　　 남 그럼 이 마르게리타피자라는 것 하나랑 나폴리피자라는 것 하나 주세요.
　　 여 감사합니다. 서비스로 샐러드도 하나 드리겠습니다.
　③ 여 계산은 같이 하시겠습니까?
　　 남 따로 부탁드립니다.
　　 여 네, 라면은 600엔, 야키소바는 750엔입니다.
　　 남 자, 여기 내 몫.
　④ 여 김 씨, 이 순두부찌개 정말 맵네요.
　　 남 그래요? 저는 전혀 맵지 않은데.
　　 여 (점원에게) 여기요. 물 한 병 주세요.
　　 남 (점원에게) 아, 저는 맥주 한 병 더 주세요.

聞いてみよう2

男 そろそろお昼ご飯の時間ですね。
　 ぼく、ハンバーガー店に行くんですけど、何か買ってきましょうか。

듣기 대본

女 ありがとうございます。
　　じゃあ、照り焼きバーガーとサラダのセット、飲み物はコーラでお願いします。
男 照り焼きバーガーセットですね。
　　じゃあ、行ってきます。

女 いらっしゃいませ。
　　こちらでお召し上がりですか。
男 いえ、持ち帰りで。
女 お持ち帰りで。はい、ご注文をどうぞ。
男 ええと、照り焼きバーガーセットを1つと、ビッグバーガーセットを1つください。
女 お飲み物は、いかがなさいますか。
男 照り焼きバーガーの方がコーラ、ビッグバーガーの方がウーロン茶で、お願いします。
女 かしこまりました。
　　セットにはフライドポテトか、サラダがつきますが、どちらがよろしいですか。
男 えっと……、照り焼きバーガーの方はサラダ、もう一つの方はフライドポテトで。
女 かしこまりました。ご注文を繰り返します。
　　照り焼きバーガーセットはコーラとサラダ、ビッグバーガーセットはウーロン茶とフライドポテトで、よろしいでしょうか。
男 はい、いいです。
女 はい、ありがとうございます。
　　照り焼きバーガーセットが550円、ビッグバーガーセットが620円で、全部でお会計1,170円になります。

남 슬슬 점심 시간이네요. 저 햄버거 가게에 갈 건데 뭐 사올까요?
여 고마워요. 그럼 데리야키버거랑 샐러드 세트, 음료수는 콜라 부탁해요.
남 데리야키버거 세트랑 콜라요. 그럼 다녀오겠습니다.

여 어서 오세요. 드시고 가시나요?
남 아니요. 포장이요.
여 네, 포장이요. 주문해 주세요.
남 네, 데리야키버거 세트 하나랑 빅버거 세트 하나 주세요.
여 음료는 뭘로 하시겠습니까?
남 음, 데리야키버거 쪽은 콜라, 빅버거 쪽은 우롱차로 주세요.
여 알겠습니다. 세트에는 프라이드포테이토나 샐러드가 포함되어 있는데 어느 쪽으로 하시겠습니까?
남 음, 데리야키버거 쪽은 샐러드, 그리고 다른 한 쪽은 프라이드포테이토로.
여 알겠습니다. 주문 다시 한 번 확인하겠습니다.
　데리야키버거 세트는 콜라와 샐러드, 빅버거 세트에는 우롱차와 프라이드포테이토, 맞으신가요?
남 네. 좋습니다.
여 네, 감사합니다. 데리야키버거 세트가 550엔, 빅버거 세트가 620엔으로 전부 1,170엔입니다.

できますか

① カレーライスは、ありますか。
② 一番高いメニューは、どれですか。

　① 카레라이스는 있습니까?
　② 가장 비싼 메뉴는 무엇입니까?

聞いて書いてみよう

① 今、お腹がすいていますか。
② レストランで、どんな料理を注文しますか。

　① 지금 배가 고픕니까?
　② 레스토랑에서 어떤 메뉴를 주문합니까?

11 近くに水族館があります

ウォーミングアップ

1
① 美術館へ行きたい。
② お寺へ行きたい。
③ 水族館へ行きたい。
④ 博物館へ行きたい。

　① 미술관에 가고 싶어.
　② 절에 가고 싶어.
　③ 수족관에 가고 싶어.
　④ 박물관에 가고 싶어.

2
① 男 この近くにどこか見るところはありますか。
　 女 車で5分のところに水族館があります。
② 男 あのう、利用の登録をしたいんですが。
　 女 この用紙にお名前とご住所をお書きください。
③ 男 博物館の閉館は何時ですか。
　 女 午後6時です。
④ 男 韓国語のパンフレットがほしいんですが、ありますか。

듣 기 대 본

　　女　はい、ございます。
　　　　どうぞ、こちらをお持ちください。
① 男　この近所に見るに値するところがありますか？
　　女　車で5分ほどの距離に水族館があります。
② 男　저, 이용 등록을 하고 싶은데요.
　　여　이 용지에 이름과 주소를 적어 주세요.
③ 남　박물관의 폐관은 몇 시입니까?
　　여　오후 6시입니다.
④ 남　한국어 팜플렛이 갖고 싶은데, 있습니까?
　　여　네, 있습니다. 이거 가져가세요.

聞いてみよう 1

① 男　あのう、テニスコートを予約したいんですが。
　　女　はい。ご利用はいつですか。
　　男　来週の土曜日の午後4時から6時まででお願いします。
　　女　では、この用紙にお名前とご連絡先をお書きください。
② 女　ちょっと図書館で調べたいことがあるんですが。
　　男　今5時だから、急いだ方がいいですね。
　　女　何時まで空いていますか。
　　男　午後7時までです。
③ 女　富士山がよく見える公園って、どこかな？
　　男　「桜公園」が有名だよ。
　　　　景色がいいから、散歩をするのにいいよ。
　　女　駐車場はある？
　　男　うん、駐車場もトイレもあるから安心だよ。
④ 女　すみません。
　　　　このお寺の外国語のパンフレットはありますか。
　　男　はい、英語版と中国語版と韓国語版がありますが。
　　女　じゃ、英語版を2部と韓国語版を1部ください。
　　男　はい、こちらをどうぞ。

① 남　저, 테니스 코트를 예약하고 싶은데요.
　　여　네, 언제 이용하시나요?
　　남　다음주 토요일 오후 4시부터 6시까지 부탁합니다.
　　여　그럼 이 용지에 이름과 연락처를 적어 주세요.
② 여　도서관에서 좀 찾아보고 싶은 것이 있는데요.
　　남　지금이 5시니까 서두르는 것이 좋겠네요.
　　여　몇 시까지 열려 있나요?

　　남　오후 7시까지입니다.
③ 여　후지산이 잘 보이는 공원이 어디지?
　　남　사쿠라공원이 유명해. 경치가 좋아서 산책하기에 좋아.
　　여　주차장은 있어?
　　남　응. 주차장도 화장실도 있으니까 안심이야.
④ 여　실례합니다. 이 절의 외국어 팜플렛이 있나요?
　　남　네, 영어판과 중국어판, 한국어판이 있습니다만.
　　여　그럼 영어판 2부와 한국어판을 1부 주세요.
　　남　네, 여기요.

聞いてみよう 2

男　朴さん、厳島神社は初めてですか。
女　はい。この神社はいつ作られたんですか。
男　約1400年前に作られたんですよ。
女　すごくきれいですね。誰が作ったんですか。
男　平清盛という人です。
　　武士でとても力がある人でした。
女　武士……ああ、侍ですね。
男　そうです。あ、あそこで神社のパンフレットをもらって来ましょう。

男　あのう、すみません。
　　韓国語版のパンフレットはありますか。
女　はい、ございます。何部ですか。
男　2部ください。
　　あ、すみません、この近くに他に見るところはありますか。
女　そうですね、水族館と美術館があります。
男　そうですか。そこは何時までですか。
女　水族館は午後5時までで、美術館は午後6時までです。あ、でも水族館は閉館時間の1時間前、美術館は30分前までに入らないといけません。
男　残念！ じゃあ、今日はもう水族館に入れませんね。ありがとうございました。

남　박 씨, 이쓰쿠시마신사는 처음인가요?
여　네. 이 신사는 언제 만들어졌나요?
남　약 1400년 전에 만들어졌어요.
여　정말 아름답네요. 누가 만들었나요?
남　다이라노 키요모리라는 사람입니다. 무사로 힘이 굉장했던 사람이지요.
여　무사라, 아, 사무라이 말이군요.
남　맞아요. 아, 저기서 신사 팜플렛을 받아올까요?

듣 기 대 본

남 저, 실례합니다-. 한국어판 팜플렛은 있나요?
여 네, 있습니다. 몇 부 드릴까요?
남 2부 주세요. ス기, 이 근처에 다른 볼 만한 곳이 있나요?
여 네. 수족관과 미술관이 있습니다.
남 그래요? 거기는 언제까지 하나요?
여 수족관은 오후 5시까지이고, 미술관은 오후 6시까지입니다. 아, 그런데 수족관은 폐관 시간 1시간 전, 미술관은 30분 전까지 입장해야 합니다.
남 아쉽네요. 그럼 오늘은 이제 수족관에는 들어갈 수 없네요. 감사합니다.

できますか

① 韓国まつりは何時から何時までですか。
② どんなものを食べることができますか。

　① 한국축제는 몇 시부터 몇 시까지입니까?
　② 어떤 것을 먹을 수 있습니까?

聞いて書いてみよう

① 韓国の、有名な食べ物は何ですか。
② あなたの町で、景色がいいところはどこですか。

　① 한국의 유명한 음식은 무엇입니까?
　② 당신이 살고 있는 지역에서 경치가 좋은 곳은 어디입니까?

12 日本語がお上手ですね

ウォーミングアップ

1
① 英会話教室で勉強しています。
② Eラーニングで勉強しています。
③ 独学で勉強しています。
④ プライベートレッスンで勉強しています。

　① 영어 회화 교실에서 공부하고 있습니다.
　② 인터넷 강좌로 공부하고 있습니다.
　③ 독학으로 공부하고 있습니다.
　④ 개인 과외로 공부하고 있습니다.

2
① 男 どこで日本語を習ったんですか。
　 女 実は、独学なんです。近くに学校がなくて。
② 女 日本語、本当にお上手ですね。
　 男 ありがとうございます。
　　　でも、まだまだです。

③ 女 この漢字の読み方を教えていただけませんか。
　 男 はい、これは「しょうゆ」ですよ。
④ 男 イギリスに留学するために、英会話教室に通っています。
　 女 金さんは勉強熱心ですね。
　　　頑張ってください。

① 남 어디에서 일본어를 배웠나요?
　 여 실은 독학했어요. 근처에 학교가 없어서.
② 여 일본어 정말 잘 하시네요.
　 남 감사합니다. 하지만 아직 멀었습니다.
③ 여 이 한자의 읽는 법을 가르쳐 줄 수 있나요?
　 남 네, 이것은 'しょうゆ'에요.
④ 남 영국으로 유학가려고 영어 회화 교실에 다니고 있습니다.
　 여 김 씨는 공부에 열심이네요. 힘내세요.

聞いてみよう1

① 男 それは、何のテキストですか。
　 女 中国語のテキストです。
　　　先週からEラーニングのサイトで勉強を始めたんです。
　 男 へえ、どうして中国語を？
　 女 来月、中国へ出張することになったので、少しは勉強しておこうと思って。
② 男 高校生の時、英語以外に勉強した外国語はありましたか。
　 女 私は韓国語を勉強していました。K-POPに興味があったので。
　 男 そうですか。今も勉強を続けていますか。
　 女 ええ、独学ですけれど、高校の時の教科書を復習しています。
③ 女 鈴木さん、この漢字はどう読みますか。
　 男 「しろうと」ですよ。
　 女 難しい漢字も勉強しているんですね。
　 男 私、聞き取りはできる方なんですけれど、漢字はちょっと……。
　 女 日本語の漢字は読み方がいくつもあるので、大変ですよね。
④ 男 外国語をできるだけ安く、楽しく勉強する方法って何だろう？
　 女 そうねえ……。私はロシア語を勉強したい人たちとスタディーグループを作って勉強

듣기 대본

しているよ。
① 男 이건 무슨 책인가요?
  女 중국어 책입니다. 지난주부터 인터넷 사이트에서 공부를 시작했거든요.
  男 아아, 어째서 중국어를?
  女 다음달에 중국으로 출장을 가게 되어서 조금은 공부를 해 둘까 해서요.
② 男 고등학교 때 영어 이외에 배운 외국어가 있나요?
  女 저는 한국어를 공부했습니다. K-POP에 흥미가 있었거든요.
  男 그래요? 지금도 공부를 계속하고 있나요?
  女 네, 독학이지만 고등학교 때의 교과서를 복습하고 있습니다.
③ 女 스즈키 씨, 이 한자 어떻게 읽나요?
  男 'しろうと'라고 읽어요. 어려운 한자도 공부하고 있네요.
  女 저, 듣는 것은 되는 편이지만 한자는 좀……
  男 일본어의 한자는 읽는 방법이 여러가지라서 어렵지요.
④ 男 외국어를 될 수 있는 한 저렴하고 즐겁게 공부하는 방법이란 뭘까?
  女 그러게. 나는 러시아어를 공부하고 싶은 사람들과 스터디 그룹을 만들어서 공부하고 있어.

聞いてみよう2

女 佐藤さんは、韓国語の勉強をいつから始めたんですか。
男 4年前です。
  実は、私の妻の方が最初に始めたんですよ。
女 へえ、どうしてですか。
男 韓国のドラマが大好きで、韓国に留学したいって。
女 それはすごいですね。
男 それで、私も韓国へ旅行する時に便利そうだったので、始めたんですよ。
女 私も韓国語を始めてみようかしら。
男 韓国語は日本語と文法や単語が似ているので、英語よりも易しいですよ。ハングルが読めるようになると、とても面白くなります。
女 へえ……、このハングルはどう読むんですか。
男 これは、「약속」って読みます。
  日本語では「約束」ですね。
女 すごい！ 発音が似ていますね。
男 そうなんです。同じ漢字の言葉ですからね。
  私も、漢字の言葉から勉強を始めたら、どんどん面白くなってきました。

女 面白そうですね。
  どこか、いい教室をご存じですか。
男 駅の近くにいい教室があります。
  先生がいいし、授業の方法も面白いし、駅に近くて便利ですよ。
女 いいですね。ぜひ、行ってみます。

女 사토 씨는 한국어 공부를 언제부터 시작했나요?
男 4년 전에요. 실은 제 아내 쪽이 먼저 시작했어요.
女 어머, 어째서요?
男 한국 드라마를 아주 좋아해서 한국에서 유학을 하고 싶다고.
女 그거 대단하네요.
男 그래서 저도 한국에 여행 갈 때 편리할 것 같아서 시작했어요.
女 저도 한국어를 시작해 볼까요.
男 한국어는 일본어와 문법이나 단어가 비슷해서 영어보다도 쉬워요. 한글을 읽을 수 있게 되면 아주 재밌어져요.
女 아아, 이 한글을 어떻게 읽어요?
男 이것은 '약속'이라고 읽습니다.
  일본어로는 'やくそく'이지요.
女 우와! 발음이 비슷하네요.
男 맞아요. 같은 한자 단어이니까요. 저도 한자 단어부터 공부를 시작했더니 점점 재밌어졌어요.
女 재밌을 것 같네요. 어디 괜찮은 교실을 알고 계신가요?
男 역 근처에 좋은 교실이 있어요. 선생님이 좋으시고, 수업 방법도 재밌고, 역 근처라서 편리해요.
女 잘됐네요. 꼭 가볼게요.

できますか

① 中国語は勉強できますか。
② 3人以上で勉強する時は、いくらですか。

  ① 중국어는 공부할 수 있습니까?
  ② 3인 이상이 공부할 때에는 얼마입니까?

聞いて書いてみよう

① どれくらい日本語を勉強していますか。
② 留学をしたことがありますか。

  ① 얼마나 일본어를 공부했나요?
  ② 유학을 한 적이 있습니까?

13 ちょっと気分が悪いんです

ウォーミングアップ

1
① ちょっと、頭痛がする。

듣기 대본

② ちょっと、さきで出る。
③ ああ、のどが痛いなあ。
④ ああ、鼻水が出る。

① 머리가 좀 아프다.
② 기침이 좀 난다.
③ 아, 목 아프다.
④ 아, 콧물이 ㄴ 온다.

2

① 男 熱は何度ありますか。
　 女 38度あります。
② 女 ちょっと気分が悪いんです。
　 男 大丈夫ですか。
　　 そこのソファーに横になった方がいいですよ。
③ 女 保険証を出してください。
　 男 すみません。
　　 今日持って来るのを忘れました。
④ 男 病院へ行くので、早退させていただけませんか。
　 女 いいですよ。お大事に。

① 남 열은 몇 도입니까?
　 여 38도입니다.
② 여 기분이 조금 좋지 않아요.
　 남 괜찮아요? 저기 쇼파에 눕는 편이 좋겠어요.
③ 여 보험증을 내 주세요.
　 남 죄송합니다. 오늘 가져오는 것을 잊어버렸습니다.
④ 남 병원에 가다 해서 조퇴해도 될까요?
　 여 네. 몸조리 잘 하세요.

聞いてみよう1

① 女 保険証を出してください。
　 男 すみません、今日は忘れてしまったんですが。
　 女 では、次にいらっしゃる来週の月曜日に持ってきてください。
② 女 田中さん、顔色がよくないですね。
　 男 昨日までの出張で疲れてしまって。
　 女 この薬、飲みますか。
　　 疲れている時に、いいですよ。
　 男 ありがとうございます。
　　 じゃ、飲んでみます。
③ 男 今日は、どうしましたか。
　 女 今朝、熱が出て、せきも出るんです。

男 風邪ですね。薬を出しておきましょう。
女 ありがとうございます。
④ 男 佐々木さんは、いつも元気そうですね。
　 女 私、もう何年間も、病院へ行っていないんですよ。
　 男 すごいですね。
　　 健康のために何かしているんですか。
　 女 毎朝ジョギングをして、野菜もたくさん食べるようにしています。

① 여 보험증을 내 주세요.
　 남 죄송합니다. 오늘은 잊어버렸습니다.
　 여 그럼 다음에 오시는 다음주 월요일에 가져오세요.
② 여 다나카 씨, 안색이 좋지 않네요.
　 남 어제까지 출장이어서 피곤하네요.
　 여 이 약 좀 드실래요? 피곤할 때 좋아요.
　 남 고마워요. 마셔볼게요.
③ 남 오늘은 어떻게 오셨나요?
　 여 오늘 아침에 열이 나고 기침도 나와요.
　 남 감기네요. 약을 처방해 드리겠습니다.
　 여 감사합니다.
④ 남 사사키 씨는 언제나 건강하네요.
　 여 저, 벌써 몇 년 동안이나 병원에 가지 않고 있어요.
　 남 대단하네요. 건강을 위해서 뭔가 하고 있나요?
　 여 매일 아침 조깅을 하고 채소를 많이 먹도록 하고 있어요.

聞いてみよう2

女 朴さん、何を書いているんですか。
男 病院の問診票です。
　 明日、健康診断を受けるので。
女 そうですか。
　 どこか、心配なところがあるんですか。
男 最近、すぐ疲れるんです。
　 よく頭痛もするし……。
女 朴さん、仕事のしすぎじゃないですか。
男 うーん、毎日たくさん寝るようにしているんですけどね。それに、最近はお酒を飲むのも止めたんですよ。
女 そうなんですか。ストレスもよくないですよ。
男 ははは…。お酒をやめて、飲まなくなったことがストレスかも?
女 運動もした方がいいです。何かしていますか。
男 いえ、あまりしていませんね。
　 鈴木さんは何かしていますか。
女 いえ、毎日できるだけ歩くようにしているだけ

듣 기 대 본

ですよ。でも、野菜をたくさん食べて、よく寝ているので、病院にはほとんど行きません。
男　いいですね。
私も明日から少し運動してみます。
女　じゃ、明日、病院に気をつけて行ってきてください。
男　はい、ありがとうございます。

여　박 씨, 무엇을 적고 있나요?
남　병원의 문진표예요. 내일 건강검진을 받거든요.
여　그래요. 어디 걱정되는 데라도 있나요?
남　최근 쉽게 피로해져요. 자주 두통도 있고.
여　박 씨, 일 너무 무리하는 거 아니에요?
남　음, 매일 많이 자려고 하고 있는데 말이죠. 게다가 최근에는 술도 마시지 않고 있어요.
여　그래요? 스트레스도 좋지 않아요.
남　하하하, 술을 끊어서 마시지 않게 된 것이 스트레스인지도?
여　운동도 하는 편이 좋아요. 뭔가 하고 있나요?
남　아니요, 그다지 하고 있지 않아요. 스즈키 씨는 뭔가 하고 있나요?
여　아니요, 매일 될 수 있는 한 걷도록 하고 있을 뿐이에요. 그래도 채소를 많이 먹고 잠도 잘 자고 있기 때문에 병원에는 거의 가지 않아요.
남　좋네요. 저도 내일부터 조금 운동을 해 보려구요.
여　그럼, 내일 병원에 잘 다녀 오세요.
남　네, 고맙습니다.

できますか
① 月曜日の午後は休みですか。
② 土曜日は何時までですか。

　① 월요일 오후는 쉽니까?
　② 토요일은 몇 시까지입니까?

聞いて書いてみよう
① 保険証を持っていますか。
② 最近、疲れていますか。

　① 보험증을 가지고 있습니까?
　② 최근 피곤한가요?

14 おめでとうございます

ウォーミングアップ
1
① あけましておめでとうございます。
② ご結婚おめでとうございます。
③ お誕生日、おめでとう。
④ 優勝おめでとうございます。

　① 새해 복 많이 받으세요.
　② 결혼 축하드려요.
　③ 생일 축하해.
　④ 우승 축하해요.

2
① 女　マラソン大会の優勝おめでとうございます。
　　　すごいですね。
　男　どうもありがとうございます。
　　　みなさんの応援のおかげです。
② 男　今年の誕生日プレゼント、何がいい?
　女　そうだなあ、かばんがほしいなあ。
③ 男　ご結婚おめでとうございます。
　　　これ、気に入っていただけると、うれしいです。
　女　わあ、ありがとうございます。
　　　素敵な時計ですね。
④ 女　あけましておめでとうございます。
　　　今年もよろしくお願いします。
　男　こちらこそ、よろしくお願いします。
　　　いい一年になるといいですね。

① 여　마라톤대회 우승 축하해요. 대단하네요.
　남　고마워요. 여러분의 응원 덕분에요.
② 남　올해 생일선물 뭐가 좋아?
　여　글쎄, 가방이 갖고 싶어.
③ 남　결혼 축하드려요. 이거, 마음에 들어하셨으면 좋겠네요.
　여　와, 고마워요. 멋진 시계네요.
④ 여　새해 복 많이 받으세요. 올해도 잘 부탁 드립니다.
　남　저야말로 잘 부탁 드립니다. 좋은 한 해가 됐으면 좋겠네요.

聞いてみよう1

① 女　あけましておめでとう。
　　　はい、これで好きなものを買ってね。
　男　わあ、おばさん、どうもありがとうございます。
　女　もうたくさんの人にもらったでしょ?
　男　ううん、まだおばさんからしかもらってないよ。
② 女　明日からいよいよ社会人ですね。
　　　これ、つまらないものですがよかったら

듣기대본

　　　使ってください。
男　ありがとうございます。
　　開けてもいいですか。
女　もちろんです。どうぞ開けてみてください。
男　あ〜、素敵ですね。
　　明日、これを会社につけて行きます。
③男　はい、これ、ぼくからのお祝い。
女　わあ、おいしそう！
　　金さんが作ってくれたの？
男　うん、そうだよ。幸せになってね。
女　ありがとう！
　　パーティーでいただきます！
④女　かわいい赤ちゃんですね。
男　ありがとうございます。
　　毎日写真を撮っています。
女　これ、よかったら、写真を貼るのに使ってください。私からのお祝いです。
男　ありがとうございます。大切に使います。

①　여　새해 복 많이 받으렴. 자, 이걸로 갖고 싶은 걸 사거라.
　　남　와, 아주머니, 감사합니다.
　　여　벌써 사람들한테 많이 받았지?
　　남　아니요. 아직 아주머니한테밖에 받지 않았어요.
②　여　내일부터 드디어 사회인이네요. 이거, 별거 아니지만 괜찮다면 사용해 주세요.
　　남　고마워요. 열어봐도 되나요?
　　여　물론이죠. 어서 열어보세요.
　　남　와〜 멋지네요. 내일 이거 회사에 하고 갈게요.
③　남　자, 이거. 내 선물이야.
　　여　와, 맛있겠다. 김 씨가 만든거야?
　　남　응, 맞아. 행복해야해.
　　여　고마워! 파티에서 먹을게요!
④　여　귀여운 아기녀요.
　　남　고맙습니다. 매일 사진을 찍고 있어요.
　　여　이거, 괜찮다면 사진을 붙이는데 사용해 주세요. 제 선물이에요.
　　남　고맙습니다. 소중히 사용할게요.

聞いてみよう2

男　木村さん、ちょっと相談があるんですが。
女　はい、何ですか。
男　今度、友達が結婚するんですが、お祝いってどんなものをあげたらいいでしょうか。
女　そうですねー、毎日よく使うものとか、家に飾るものとかがいいんじゃないですか。
男　毎日よく使うものって……。
　　例えば、食器とか？
女　ええ、食器はよくプレゼントしますよ。
　　コーヒーカップとか、皿とか。
男　ペアのカップは良さそうですね。
　　家に飾るものなら、例えば時計とか、絵とかですか。
女　そうですね。私が結婚した時、友達から時計と写真立てをもらいました。どちらも、いい記念になりましたよ。
男　それもいいですね。
　　ぼくは結婚したことがないから……、どんなものをもらうと嬉しいか、よくわからなくて。
女　どんなものでも気持ちがあれば嬉しいですよ。
　　でも、あげない方がいいものもあるので、気をつけてくださいね。
男　例えばどんなものですか。
女　ナイフは「2人の関係が切れる」という意味でよくないそうです。
男　ああ、毎日使うものでも、あまりよくないんですね。
女　ええ、それから鏡も「割れる」という意味で、普通はあげませんね。
男　なるほど。気をつけます。
　　やっぱり、ペアのカップにします。
　　ありがとうございました。

남　기무라 씨, 잠시 의논할 것이 있는데요.
여　네, 뭔가요?
남　이번에 친구가 결혼을 하는데 축하 선물로 뭘 주면 좋을까요?
여　글쎄요. 매일 사용하는 물건이나 집에 장식할 수 있는 것을 주면 어떨까요?
남　매일 사용하는 물건이라면, 예를 들어 식기같은 거요?
여　네, 식기 선물 많이 해요. 커피잔이나 접시나.
남　커플 컵이 좋겠네요. 집에 장식하는 것이라면 예를 들어 시계나 그림 말인가요?
여　맞아요. 저는 결혼할 때 친구한테 시계랑 액자를 받았어요. 둘 다 좋은 기념이 되었어요.
남　그것도 좋네요. 저는 결혼을 해 본 적이 없어서······. 어떤 것을 받으면 기쁠지 잘 모르겠어서요.
여　어떤 것이든 마음이 있으면 기쁠 거에요.
　　하지만, 주지 않는 편이 좋은 물건이 있으니 조심하세요.
남　예를 들면 어떤 것인가요?
여　나이프는 '두 사람의 관계가 끊어진다'는 의미 때문에 좋지 않다고 해요.
남 아, 매일 사용하는 것이라도 그다지 좋지 않네요.
여 네, 그리고 거울도 '깨진다' 라는 의미 때문에 보통 주지 않아요.
남 과연, 그렇네요. 주의할게요.
역시 커플 컵으로 할게요. 고마워요.

できますか
① 女性に贈るプレゼントの金額2位はいくらですか。
② 男性に贈るプレゼントを買う時、いくらぐらいのものが一番多かったですか。

① 여성에서 주는 선물의 금액 2위는 얼마입니까?
② 남성에게 줄 선물을 살 때, 얼마 정도의 것이 가장 많습니까?

聞いて書いてみよう
① 誕生日は、何月何日ですか。
② お正月には、どんなことをしますか。

① 생일은 몇 월 몇 일입니까?
② 설날에는 무엇을 합니까?

15 私もそう思います

ウォーミングアップ

1
① 一戸建てに住んでいます。
② 田舎に住んでいます。
③ 都会に住んでいます。
④ マンションに住んでいます。

① 단독주택에 살고 있습니다.
② 시골에 살고 있습니다.
③ 도시에 살고 있습니다.
④ 맨션에 살고 있습니다.

2
① 男 結婚したら、どんなところに住みたいですか。
　 女 私は車がないので、駅に近いマンションに住みたいです。
② 女 田舎に住むのはいろいろ不便でしょう?
　 男 そうでもないですよ。
　　 田舎でもインターネットで買い物ができますから。
③ 男 マンションの生活は、どうですか。
　 女 便利ですが、隣にどんな人が住んでいるかわからなくて、不安です。
④ 女 これから日本の農業は、どうなると思いますか。
　 男 外国と競争しなければならないかもしれません。

① 남 결혼하면 어떤 곳에서 살고 싶습니까?
　 여 저는 자동차가 없으니까 역에서 가까운 맨션에서 살고 싶어요.
② 여 시골에서 사는 것은 여러가지로 불편하죠?
　 남 그렇지도 않아요. 시골에서도 인터넷으로 물건을 살 수 있으니까요.
③ 남 맨션 생활은 어떤가요?
　 여 편리하지만, 옆집에 어떤 사람이 사는지 알 수 없으니까 불안해요.
④ 여 앞으로 일본의 농업은 어떻게 될 것이라고 생각합니까?
　 남 외국과 경쟁을 해야만 할 지도 모릅니다.

聞いてみよう1
① 男 知ってる? 佐々木くんが19歳も年下の人と結婚したんだって。
　 女 え? 奥さん、まだ17歳なの?
　 男 もちろん女性は結婚できる年だけれど……。どう思う?
　 女 私にはできないな。
　　 まだまだ子どもじゃない。
② 男 最近、高齢者のドライバーが増えましたよね。
　 女 私の父も80歳なのに、まだ車の運転をしていますよ。
　 男 お元気なら、いいんじゃないですか。
　 女 いいえ。私はそろそろ免許を返した方がいいと思っているんです。
③ 男 日本では、何歳からお酒が飲めますか。
　 女 20歳からです。韓国も同じでしょう?
　 男 いいえ、韓国では19歳からです。
　 女 そうですか。私は、高校を卒業したら、飲んでもいいと思います。
④ 男 佐藤さん、ぼく、来月韓国へ帰って、軍隊に入ります。
　 女 韓国の男性は、国のために頑張って、すごいですね。
　 男 日本の男性も、一度軍隊に入ってトレーニ

듣 기 대 본

ングしたらいいのに。
女 私もそう思います！心と体を強くするために、必要じゃないかしら。

① 남 들었어? 사사키 군이 19살이나 어린 사람이랑 결혼을 했대!
여 뭐? 그럼 부인 아직 17살이야?
남 물론 여자는 결혼할 수 있는 나이이긴 하지만……. 어떻게 생각해?
여 난 못해. 아직 어린애잖아.

② 남 최근 고령의 운전자가 늘었네요.
여 우리 아버지도 여든이신데 아직 자동차 운전을 하고 계세요.
남 건강하시다면 괜찮지 않나요?
여 아니요. 저는 이제 그만 면허를 반납하는 편이 좋다고 생각해요.

③ 남 일본에서는 몇 살부터 술을 마실 수 있나요?
여 20세부터입니다. 한국도 같죠?
남 아니요. 한국에서는 19세부터입니다.
여 그래요? 저는 고등학교를 졸업하면 마셔도 괜찮다고 생각해요.

④ 남 사토 씨, 저 다음달에 한국으로 돌아가서 군에 입대해요.
여 한국 남자들은 나라를 위해서 힘쓰고, 대단해요.
남 일본 남자들도 한번 군대에 들어가서 훈련을 받으면 좋을텐데
여 저도 그렇게 생각해요! 몸과 마음을 강하게 하기 위해 필요하지 않을까요.

聞いてみよう２

女 加藤さん、何を読んでいるんですか。
男 ああ、この新聞記事に興味があって。
女 なになに？子どもと妻が留学？
男 韓国では妻と子どもが外国へ行って、英語の勉強をしてくることが多いらしいです。
女 へえ。日本では留学する人が減っているってニュースで聞きましたけど。
男 そうらしいですね。ぼくが大学生だった時はアメリカ留学が人気でしたよ。
女 加藤さんは子どもに留学をさせたいですか。
男 もちろんです。これからの国際社会を生きていくためには、もっと広い世界を知らないと。
女 言葉も文化も、その国に行って身につけるのが早いですからね。
男 本当は家族全員で海外に移住したいんです。佐々木さんは、海外での生活についてどう思いますか。

女 少しこわいけれど、安全ならぜひしてみたいです。
男 住むなら、どこの国がいいですか。
女 そうですね、物価が安くて、食べ物がおいしいと聞いたので、マレーシアに住んでみたいです！

여 가토 씨, 무엇을 읽고 있나요?
남 아, 이 신문기사에 관심이 있어서.
여 뭔데요? 아이와 엄마가 유학?
남 한국에서는 아내와 아이가 외국에 가서 영어를 공부하고 오는 경우가 많다고 해요.
여 아아. 일본에서는 유학하는 사람이 줄고 있다는 뉴스를 들었는데.
남 그런가요. 내가 학생이었을 때에는 미국 유학이 인기였어요.
여 가토 씨는 아이에게 유학을 시킬건가요?
남 물론이죠. 앞으로 국제사회를 살아가기 위해서는 더욱 넓은 세계를 알아야죠.
여 언어도 문화도 그 나라에 가서 몸에 익히는 것이 빠르니까요.
남 실은 가족 모두 해외로 이주하고 싶어요. 사사키 씨는 해외에서 생활하는 것에 대해서 어떻게 생각하나요?
여 조금 무섭긴하지만, 안전하다면 꼭 한 번 해 보고 싶어요.
남 산다면 어느 나라가 좋은가요?
여 글쎄요. 물가가 싸고 음식이 맛있다고 하니, 말레이시아에서 살고 싶어요.

できますか

① 田舎で暮らしたくない人は、何パーセントでしたか。
② 若者の半数以上は、田舎に住むことについて、どう思っていますか。

① 시골에서 살고 싶지 않은 사람은 몇 퍼센트입니까?
② 젊은이들의 절반 이상은 시골에서 사는 것에 대해서 어떻게 생각하고 있습니까?

聞いて書いてみよう

① 韓国では、何歳からお酒が飲めますか。
② 海外での生活について、どう思いますか。

① 한국에서는 몇 살부터 술을 마실 수 있습니까?
② 해외에서 생활하는 것에 대해 어떻게 생각합니까?

정 답

발음편

1. 청음·탁음·반탁음

연습 1
① ぐ ② さ ③ つ ④ び ⑤ じ ⑥ が
⑦ て ⑧ と ⑨ ば ⑩ ぷ ⑪ ぼ ⑫ ペ

연습 2
① かんこく(韓国) ② がいこく(外国)
③ でんき(電気) ④ たいがく(退学)
⑤ オープン ⑥ みがく(磨く)
⑦ きん(金) ⑧ さっし(冊子)
⑨ かたい(堅い) ⑩ げんこう(原稿)
⑪ しんごう(信号) ⑫ えいきょう(影響)

2. 장음

연습 1
① ノート ② セーター ④ コーヒー

연습 2
① かこう(加工) ② こちょう(誇張)
③ こせい(個性) ④ きょうか(教科)
⑤ おじいさん ⑥ しょうじょう(症状)
⑦ こい(恋) ⑧ きょうじゅ(教授)
⑨ ゆめ(夢) ⑩ いっしょう(一生)

3. 촉음

연습 1
① きって(切手) ③ カップ
⑥ サッカー

연습 2
① おと(音) ② とっき(特記)
③ がっか(学科) ④ さか(坂)
⑤ きた(来た) ⑥ いっけん(一軒)
⑦ じけん(事件) ⑧ かっき(活気)
⑨ いっち(一致) ⑩ にこう(二校)

4. 발음

연습 1
① えんぴつ(鉛筆) ② しんぶん(新聞)
⑤ せんたくき(洗濯機) ⑥ でんわ(電話)

연습 2
① きんえん(禁煙) ② きかい(機械)
③ インド ④ ダンス
⑤ あんま ⑥ しんそう(真相)
⑦ こな(粉) ⑧ かんじ(漢字)
⑨ きんちょう(緊張) ⑩ きんし(禁止)

5. 요음

연습 1
② いしゃ(医者)
③ きょうかい(教会)
④ りょうり(料理)

연습 2
① びよういん(美容院) ② かんしゃ(感謝)
③ じゅう(十) ④ ひやく(飛躍)
⑤ しゃきん(謝金) ⑥ させつ(左折)
⑦ シャツ ⑧ しょうしゃ(商社)
⑨ さどう(茶道) ⑩ きゃく(客)

6. 동음이의어

연습

①  ②

③  ④

⑤ ⑥

7. 축어 표현

연습
① 会っちゃう － 会ってしまう
② 来ちゃった － 来てしまった
③ 急がなきゃ － 急がなければなりません
　　　　　　　　急がなければいけません
④ 読まなくちゃ － 読まなくてはなりません
　　　　　　　　　読まなくてはいけません
⑤ 買っちゃおう － 買ってしまおう
⑥ 行っちゃうの？ － 行ってしまうの？
　　　　　　　　　　行ってしまうんですか

정답

8. 인토네이션

연습

① 부정하고 있다.
② 놀랐다.
③ 상대방의 의견을 묻고 있다.
④ 동정하고 있다.
⑤ 추측하고 있다.
⑥ 확인하고 있다.

듣기편

01 はじめまして

ウォーミングアップ

1 ① ⓑ   ② ⓐ   ③ ⓒ   ④ ⓓ
2 ① B   ② A   ③ C   ④ D

聞いてみよう1

1 ① C   ② B   ③ D   ④ A
2 ① また、明日。
   ② はじめまして。
   ③ ごめんなさい。
   ④ ありがとうございます。

聞いてみよう2

CDを聞いた後に

1 ① お先に失礼します。
   ② おはよう。
   ③ すみません。
   ④ ありがとう。
   ⑤ よろしくお願いします。
2 ③ → ⑤ → ① → ④
3 ① おはよう。
   ② すみません。
   ③ よろしくお願いします。
   ④ お先に失礼します。
   ⑤ ありがとう。

できますか

① こんにちは
② ありがとう
③ どうもすみません
④ だいじょうぶ
⑤ がんばってね

やってみよう

① こんにちは
(②, ③, ④번은 가족에게 사용할 수 있는 표현이지만 ①번은 가족에게 사용하지 않는다.)

聞いて書いてみよう

① Q お元気ですか。
② Q あのう、失礼ですが、金さんですか。

02 私の家族です

ウォーミングアップ

1 ① 父   ② 母   ③ 姉
   ④ 兄   ⑤ 弟   ⑥ 妹
   ⑦ お父さん ⑧ お母さん ⑨ お兄さん
   ⑩ お姉さん ⑪ 妹さん ⑫ 弟さん
2 ① C   ② A   ③ B   ④ D

聞いてみよう1

1 ① B   ② D   ③ A   ④ C
2 ① 男の人の妹は高校生です。
   ② 佐々木さんの犬は三歳です。
   ③ 男の人のお兄さんはお母さんによく似ています。
   ④ 男の人は女の人に弟を紹介します。

聞いてみよう2

CDを聞いた後に

2 ① 教師   ② 妹   ③ 1年生
3 ① ✕   ② ○   ③ ✕

やってみよう

④ 母
(①, ②, ③번은 모두 남성이고 ④번만 여성이다.)

정 답

できますか
① B
② C

聞いて書いてみよう
① Q 何人家族ですか。
② Q 家に犬がいますか。

03 日曜日、何をしますか

ウォーミングアップ
1 ① ⓓ   ② ⓐ   ③ ⓑ   ④ ⓒ
2 ① D   ② C   ③ A   ④ B

聞いてみよう1
1 ① A, C   ② A, D   ③ B, C   ④ B, D
2 ① パクさんは毎朝8時までに会社へ行きます。
   ② パクさんは日曜日の午後、何もしません。
   ③ 日曜日にパクさんの家でパーティーがあります。
   ④ パクさんはこれから子どもと買い物に行きます。

聞いてみよう2

CDを聞いた後に
1 C
2 B → A → D → E
3

時間	予定
10時～12時	会議
昼	佐々木様とお昼ご飯(寿司)
2時～4時	工場の見学
6時～	パーティー

やってみよう
② 会う
(①, ③, ④번은 혼자서도 할 수 있는 일이지만 ②번은 두 사람 이상이 할 수 있는 일이다.)

できますか
① A
② A

聞いて書いてみよう
① Q 土曜日には何をしますか。
② Q 何曜日に日本語の勉強をしますか。

04 天気予報を見ましたか

ウォーミングアップ
1 ① ⓑ   ② ⓐ   ③ ⓒ   ④ ⓓ
2 ① A   ② D   ③ C   ④ B

聞いてみよう1
1 ① D   ② A   ③ B   ④ C
2 ① 女の人は、暑くも寒くもない秋が好きです。
   ② 女の人は傘を男の人に貸します。
   ③ 今日の最低気温はマイナス10度です。
   ④ 女の人は出かける時、晴れることが多いです。

聞いてみよう2

CDを聞く前に
② 5月30日

CDを聞いた後に
1 5月30日～6月2日
2 ④
3 A, C, E, G

やってみよう
① 雨女(あめおんな)
② 小雨(こさめ)
③ 梅雨(つゆ)
④ 雨足(あまあし)

できますか
① B
② B

정 답

聞いて書いてみよう
① Q 今日、傘を持って来ましたか。
② Q 今の気温は何度くらいですか。

05 一緒に映画を見ませんか

ウォーミングアップ
1　① ⓓ　　② ⓑ　　③ ⓐ　　④ ⓒ
2　① C　　② D　　③ A　　④ B

聞いてみよう1
1　① B　　② D　　③ A　　④ C
2　① 女の人は、来週の日曜日、映画を見ることができます。
　　② 女の人は、野球を見るのが好きです。
　　③ 女の人は、初めて山登りをします。
　　④ 男の人は箱根で女の人に会いたいです。

聞いてみよう2
CDを聞いた後に
1　B
2　② → ⑤ → ③ → ④ → ①
3　① A　　② A　　③ A　　④ B

できますか
① B
② B

聞いて書いてみよう
① Q 好きなスポーツは何ですか。
② Q 今週の土曜日は何かありますか。

06 机の上にありましたよ

ウォーミングアップ
1　① ⓓ　　② ⓑ　　③ ⓐ　　④ ⓒ
2　① C　　② A　　③ D　　④ B

聞いてみよう1
1　① D　　② C　　③ B　　④ A
2　① X　　② O　　③ O　　④ O

聞いてみよう2
CDを聞いた後に
1　②, ③(60,000), ⑤
2　B, C, F
3　① a 8万　　b 5万8千
　　② c 机　　d いす　　e テーブル
　　　 f テレビ　g 洗濯機　h 冷蔵庫
　　③ i 和室　j 台所

できますか
① B
② A

やってみよう
④ 和室
(①, ②, ③번은 물을 사용하는 장소이다.)

聞いて書いてみよう
① Q あなたの部屋にベッドがありますか。
② Q 家のリビングには何がありますか。

07 歩いて5分くらいです

ウォーミングアップ
1　① ⓐ　　② ⓒ　　③ ⓓ　　④ ⓑ
2　① B　　② D　　③ A　　④ C

聞いてみよう1
1　① A　　② F　　③ E　　④ D
2　① 隣　　　　　　② 間
　　③ 横断歩道, 前　④ 信号, そば

聞いてみよう2
CDを聞いた後に
1　②, ④
2　B, F, G
3　I

できますか
① A
② A

정 답

聞いて書いてみよう
① Q 近くに病院がありますか。
② Q 近くの駅まで、どれくらいかかりますか。

08 ケータイで予約できるよ

ウォーミングアップ

1　①ⓒ　　②ⓓ　　③ⓐ　　④ⓑ
2　①D　　②A　　③C　　④B

聞いてみよう1

1　①D　　②A　　③B　　④C
2　① 6時40分, 飛行機
　　② 6月3日, 2泊, 出張
　　③ 9時, 新幹線
　　④ 9時20分, 駅

聞いてみよう2

CDを聞いた後に

1　A
2　a 9　b 8,000　c 2　d 14,000　e 1
3　①O　　②X　　③O　　④X　　⑤O

できますか

① A
② A

聞いて書いてみよう

① Q 新幹線に乗ったことがありますか。
② Q 東京から大阪まで、何で行きたいですか。

09 全部でいくらですか

ウォーミングアップ

1　①ⓓ　　②ⓒ　　③ⓐ　　④ⓑ
2　①C　　②A　　③D　　④B

聞いてみよう1

1　①B　　②D　　③A　　④C
2　① これにしよう。(O)
　　② 他のものを見せてください。(X)
　　③ Tシャツはいいです。(X)
　　④ 10,000円以下なら買うのになぁ。(X)

聞いてみよう2

CDを聞く前に

① ……はいかがでしょうか。
② お支払いは……。
⑤ いらっしゃいませ。
⑥ はい、かしこまりました。

CDを聞いた後に

1　C
2　C → A → D → B → E
3　① 6
　　② Mサイズ
　　③ 1,600, 4000
　　④ もらいませんでした

できますか

① A
② B

やってみよう

④ かわいい
(①, ②, ③번은 모두 な형용사이고 ④번만 い형용사이다.)

聞いて書いてみよう

① Q 服のサイズは何ですか。
② Q 買い物をする時、カードを使いますか。

10 ご注文をどうぞ

ウォーミングアップ

1　①ⓐ　　②ⓓ　　③ⓒ　　④ⓑ
2　①D　　②A　　③B　　④C

聞いてみよう1

1　①C　　②B　　③A　　④D
2　① 男の人はピザを注文します。
　　② 男の人は、ピザを2枚とサラダを持ち帰ります。

정 답

③ 男の人は、自分の分だけ払います。
④ 男の人は、ビールを店員に頼みました。

聞いてみよう2

CDを聞く前に

① こちらでお召し上がりですか。
② お飲み物は、いかがなさいますか。
③ ご注文を繰り返します。
④ ご注文をどうぞ。

CDを聞いた後に

1 ① A　② D　③ C　④ B　⑤ F　⑥ H
2 ① X　② X　③ X　④ O

やってみよう

③ かわきました
(①, ②, ④번은 お腹와 연결되는 것이 자연스럽고, ③번은 のど에 연결되는 것이 자연스러운 표현이다.)

できますか

① B
② A

聞いて書いてみよう

① Q 今、お腹がすいていますか。
② Q レストランでどんな料理を注文しますか。

11 近くに水族館があります

ウォーミングアップ

1 ① ⓑ　② ⓒ　③ ⓓ　④ ⓐ
2 ① C　② A　③ D　④ B

聞いてみよう1

1 ① B　② C　③ A　④ D
2 ① 来週の土曜日、2時間借ります。
　② 開館時間は午後7時までです。
　③ 女の人は車で行きたいと思っています。
　④ 英語版を2部と韓国語版を1部もらいます。

聞いてみよう2

CDを聞いた後に

1 B
2 ③ － A
3 ① O　② X　③ O　④ X　⑤ O

できますか

① A
② B

聞いて書いてみよう

① Q 韓国の有名な食べ物は何ですか。
② Q あなたの町で景色がいいところはどこですか。

12 日本語がお上手ですね

ウォーミングアップ

1 ① ⓑ　② ⓒ　③ ⓐ　④ ⓓ
2 ① A　② B　③ D　④ C

聞いてみよう1

1 ① B　② D　③ C　④ A
2 ① 来月、出張するので勉強を始めました。
　② 高校の時の教科書を使って一人で勉強しています。
　③ 「しろうと」の読み方がわかりませんでした。
　④ 一緒に勉強したい人と勉強しています。

聞いてみよう2

CDを聞いた後に

1 ④
2 ②, ③, ⑥
3 ① X　② O　③ O　④ X　⑤ X

できますか

① A
② A

聞いて書いてみよう

① Q どれくらい日本語を勉強していますか。

정 답

② Q 留学をしたことがありますか。

13 ちょっと気分が悪いんです

ウォーミングアップ

1　① ⓐ　　② ⓒ　　③ ⓑ　　④ ⓓ
2　① A　　② C　　③ D　　④ B

聞いてみよう1

1　① B　　② A　　③ C　　④ D
2　① 男の人は保険証を持って来るのを忘れました。
　② 男の人は、女の人に薬をもらいました。
　③ 女の人は、風邪をひいて病院へ来ました。
　④ 女の人は、毎日ジョギングをしています。

聞いてみよう2

CDを聞いた後に

1　④, ⑤
2　A, D
3　① X　　② X　　③ O　　④ X　　⑤ O

やってみよう

③ せき
(①, ②, ④번은 ～がいたい에 연결되고 ③번만 ～がでる에 연결된다.)

できますか

① B
② A

聞いて書いてみよう

① Q 保険証を持っていますか。
② Q 最近疲れていますか。

14 おめでとうございます

ウォーミングアップ

1　① ⓑ　　② ⓒ　　③ ⓐ　　④ ⓓ
2　① C　　② A　　③ D　　④ B

聞いてみよう1

1　① D　　② B　　③ C　　④ A
2　① ⓐ　　② ⓑ　　③ ⓓ　　④ ⓒ

聞いてみよう2

CDを聞いた後に

1　A
2　D (이유 割れるという意味があるから)
　F (이유 2人の関係が切れるという意味があるから)
3　① X　　② X　　③ X　　④ O　　⑤ O

やってみよう

① 誕生日
(②, ③, ④번은 모두 접두어 ご가 오고 ①번만 お가 온다.)

できますか

① B
② A

聞いて書いてみよう

① Q 誕生日は何月何日ですか。
② Q お正月にはどんなことをしますか。

15 私もそう思います

ウォーミングアップ

1　① ⓓ　　② ⓑ　　③ ⓐ　　④ ⓒ
2　① D　　② A　　③ B　　④ C

聞いてみよう1

1　① D　　② C　　③ B　　④ A
2　① 반대　② 반대　③ 찬성　④ 찬성

聞いてみよう2

CDを聞いた後に

1　B
2　③, ⑤
3　① O　　② X　　③ X　　④ X　　⑤ O

정답　171

정 답

やってみよう

할 수 있는 것: ② 結婚する, ④ 軍隊に入る
할 수 없는 것: ① お酒を飲む, ③ タバコを吸う
(한국에서는 결혼과 군입대는 만 18세 이상부터,
음주와 흡연은 만 19세 이상부터 가능하다.)

できますか

① A
② A

聞いて書いてみよう

① Q 韓国では何歳からお酒が飲めますか。
② Q 海外での生活についてどう思いますか。

정 답

06 机の上にありましたよ

話してみよう

09 全部でいくらですか

話してみよう <値段(ねだん)>

08 ケータイで予約できるよ

話してみよう <夜行(やこう)バス時刻表(じこくひょう)>

東京駅出発(とうきょうえきしゅっぱつ)	24：00
大阪(おおさか)バスターミナル到着(とうちゃく)	09：21
料金(りょうきん)	9,200円(えん)

지은이 사와베 유코, 야스이 아케미
펴낸이 정규도
펴낸곳 (주)다락원

초판 1쇄 발행 2014년 2월 20일
초판 5쇄 발행 2024년 3월 18일

책임편집 송화록, 손명숙, 임혜련
디자인 김나경, 김금주
삽화 조예선

㈜다락원 경기도 파주시 문발로 211
내용문의: (02)736-2031 내선 460~465
구입문의: (02)736-2031 내선 250~252
Fax: (02)732-2037
출판등록 1977년 9월 16일 제406-2008-000007호

Copyright © 2014, 사와베 유코, 야스이 아케미

저자 및 출판사의 허락 없이 이 책의 일부 또는 전부를 무단 복제·전재·발췌할 수 없습니다. 구입 후 철회는 회사 내규에 부합하는 경우에 가능하므로 구입문의처에 문의하시기 바랍니다. 분실·파손 등에 따른 소비자 피해에 대해서는 공정거래위원회에서 고시한 소비자 분쟁 해결 기준에 따라 보상 가능합니다. 잘못된 책은 바꿔 드립니다.

ISBN 978-89-277-1110-0 18730
　　　978-89-277-1109-4 (set)

사진제공　JNTO
　　　　　Shutterstock
　　　　　Google
　　　　　Let's cc

http://www.darakwon.co.kr

- 다락원 홈페이지를 방문하시면 상세한 출판 정보와 함께 동영상 강좌, MP3 자료 등 다양한 어학 정보를 얻으실 수 있습니다.
- 다락원 홈페이지 자료실에서 MP3 파일(무료)을 다운로드 받으실 수 있습니다.